新台灣文庫5

# 灣意識論戰選集

施敏輝 編

# 新台灣文庫緒言

台灣人曾經有過極爲漫長的尋根歷史，卻忘記自己的根鬚早已深植在自己的土地上。將近四百年來，世人公認爲美麗島的台灣，已經發展出獨特性格的文化傳統。但是，由於歷史的扭曲，這份文化傳統如果不是被矇蔽，就是變成禁果。

把歪曲的島嶼扶正，把缺漏的歷史塡滿，將是世世代代台灣人無可旁貸的責任。「**新台灣文庫**」的發行，便是要撥開現實的迷霧，讓台灣人看淸台灣人的眞正面貌。

「**新台灣文庫**」於一九八四在海外發行時，係以「台灣文庫」命名，問世之後，頗受全球各地讀者的歡迎。這套叢書，爲的是結合海內外台灣人的知識與智慧而出版的。在這些珍貴的文字紀錄裏，我們可以見證台灣的美與痛苦、夢與現實。

現在，我們願意把這套叢書帶回自己的土地，讓流落的能夠回歸，讓零散的能夠重整。我們希望這一套叢書，是完全由有良知的、第一流的台灣知識份子提筆著述創造出來的；無論是文學、歷史、傳記、哲學、藝術，都可包容在這套叢書裏。我們更期望，「**新台灣文庫**」能夠爲台灣文化置下一塊牢固的磐石。

# 「台灣意識論戰選集」序

施敏輝

從一九八三年到一九八四年，臺灣黨外陣營內部出現了一場空前的論戰。在規模上，它橫跨了從左翼到右翼的黨外雜誌；在內容上，它深入揭露了「中國意識」的虛偽性與虛構性。更引人矚目的是，臺灣年輕一代的知識份子，長期以來對「臺灣意識」的認同與瞭解，也都在這場長達年餘的論戰中充分表現出來。戰後三十年來，還未有過一場論戰能夠如此放膽觸探思想的禁區，使臺灣政治運動與文學運動的本土精神提昇到一個新的境界。把這場所謂「臺灣結」與「中國結」的紛爭，視爲臺灣黨外運動的里程碑，應該是恰如其份的。

這次論戰，並非只是一次停留在文字層面上的辯論；它其實是一次在政治思想上落實的徹底檢驗。

自七〇年代中期以降，「臺灣意識」一詞便零零星星出現在一些政論與文學評論之中。然而，此一名詞的提出，並不是爲了給予正面的探討；恰恰相反，「臺灣意識」往往被置放在華夏沙文主義的虛幻手術枱上進行解剖。這個事實顯示：臺灣意識在還未被整理出一套完整的理論架構之前，便已遭到中國意識論者的揮汗批判了。這說明了什麼？毫無疑問的，它顯示出臺灣意識無需任何理論的支持，很早就已是一股潛存的伏流了。當這條伏流隨着臺灣社會經濟條件的變化而開始激盪浮現時，一些依存於中國意識的知識份子，已警覺到這股潮流的洶湧了。爲了阻擋這股潮流的擴張，中國意識論者遂迫不及待予以圍堵批判。這種近乎焦慮的用心良苦，原是可以理解的；然而他們的徒勞無功，也是可以預料的。

一種意識的生根與萌芽，端賴該意識是否與現實環境密切結合而定。戰後以來，中國意識憑藉着壟斷的宣傳機器而能夠在臺灣廣泛散播，照理說應該已在島上根深蒂固了。至少，它是不會遭到任何挑戰的。爲什麼在漫漫三十年後，在面對崛起的臺灣意識時，中國意識論者竟至於栖栖遑遑而必須捲袖辯護呢？道理很簡單，任何一種意識是不可能以粗暴的方式移植的，它只能在特定的社會中自發性地醸造成型。在臺灣那樣的土壤上，在一定的社會結構與經濟條件的制約之下，自然就會有臺灣意識這樣的產物。既然那是臺灣意識，就不可能同時又叫做「中國意識」。

曾經有過一種這樣的說法：中國與臺灣既然在近百年都受過西方帝國主義的壓迫，那麼雙方在反封建、反殖民的精神上是相通的。從而，又演繹出另一種說法：臺灣是中國的一部份，所以臺灣的人民自然也都具備了中國的意識。最後，便導出了如此的結論：中國意識是全局的，是有着寬廣的歷史視野；而臺灣意識是局部的，只是一種狹隘的地域主義。這幾年來，尤其是在論戰期間，中國意識論者總是以這樣的論調做爲他們的理論根據。不幸的是，這樣那樣的說法，其實並沒有任何實質的基礎。

誠然，中國與臺灣都受過帝國主義的侵略。但是，這種侵略並非僅見於中國與臺灣，而是近百年來全世界各弱小民族所遭遇的普遍現象。臺灣的反封建、反殖民精神，並不只是相通於中國，而且也與亞洲、非洲、拉丁美洲的各個受壓迫的民族相通。倘然要界定臺灣人民的反抗意識，就不能只用「中國意識」一詞來概括，從世界近代史的眼光來看，站在全球弱小民族反抗運動的立場來看，中國意識不免是一種「狹隘的地域主義」吧。退一步而言，倘然中國意識有別於其他民族的政治意識；那麼臺灣意識也一定能夠與中國意識區別的吧。

要做這種區別的工作，並不是困難的事。只要考察近百餘年來中國社會與臺灣社會的歷史經驗，便可獲得粗略的瞭解。以十九世紀爲例，當中國長江以南陷入太平天國革命的風暴中時，對整個中國的經濟結構與生產關係可以說發生了相當嚴重的衝擊；但是，對於臺灣而言，所謂太平天國只是一個名詞罷了，甚至是並不存在的。同樣的，在二十世紀初期，當余清芳的革命風潮席捲臺灣時，對整個島嶼的社會秩序與價值觀念造成了重大的影響。試問，這樣的歷史事件對中國代表什麼意義呢？對當時中國人民而言，余清芳起義其實是無關痛癢的。把時間拉近一些，今天臺北發生的任何通貨膨脹的現象，都足以左右全島的經濟活動；但是對中國來說，這種波動是毫無輕重的。反過來看，當華南農作物歉收時，對北京市民可能就是市場供應即將匱乏的一個警告了。然而，華南農業的失調，對臺灣都產生不了任何正面負面的作用。從這些最基本的政治經濟現象來觀察，立卽就可發現臺灣與中國其實是分屬不同的兩個絕緣的社會。

宣稱「臺灣是中國的一部份」，只不過是傳統帝王史觀的一種變調而已，它並沒有實際的社會經濟的內容。一個歷經二二八事件、八七水災，以至美麗島事件而成長的臺灣青年，與一個受到大躍進、文化大革命、唐山大地震等等洗禮的中國青年，如何能夠分享同樣的意識呢？倘然這位中國青年自稱他有中國意識，那一定是千眞萬確的；但是，同一時期成長的臺灣青年如果也揚言他具備了中國意識，那是鐵定的虛僞。意識的孕育，決定於一個人所處的社會環境。當一位臺灣青年面臨能源缺乏、國際孤立的時刻，他與其他臺灣島上的人民一樣，必然有着共同的危機意識，不管他是生長在宜蘭或屏東。這樣的危機意識，對於一個生長在洞庭湖或是松花江的中國青年來說，簡直是不可理解的。

所謂「中國意識是全局的」，或者所謂「臺灣意識是偏狹的」，這種說法只不過是知識份子在作文比賽時虛構出來的用語。一個臺灣人與他的土地命運牢牢結合，他強烈感受到自己對島嶼懷有責任感和使命感，那麼他的意識就是飽滿的、完整的。這種意識並不影響他對整個亞洲局勢與世界局勢的關切與觀察。指控臺灣人只關心臺灣命運是一種狹隘的地域主義，那麼一個中國人只關心中國命運又算是什麼呢？

一個在臺灣主張中國意識的知識份子，嚴格說起來，其實是既不瞭解臺灣，也不瞭解中國。他也許還未覺悟到，他所鼓吹的中國意識，實際上只是一種平面的文字，一種空洞的語言罷了。原因無他，他所信奉的中國意識，原來也只是來自文字的記載與政治的宣傳。倘若一個依賴臺灣土地而生存的知識份子，堅持臺灣的命運完全繫於中國，深信臺灣的前途必須在中國尋找答案，他的這種主張並不能叫做中國意識，而只能是一個理想，或僅是一個夢。這樣的夢，曾經出現在日據時期一些臺灣知識份子的身上，也顯現於戰後一些臺灣青年的身上。然而，這樣的夢並從未實現過；相反的，它已證明是幻滅的。政治運動者如謝雪紅、蘇新，文藝工作者如江文也、鍾理和、吳濁流，都以他們的親身經驗提供了確鑿的答案。既然那是夢，它只能是一個夢而已。

臺灣意識在臺灣的成長，自然有其艱苦坎坷的一面。在日據時代，在戰後以來，都持續受到政治力量的高壓干涉。但是，這種外在因素的阻撓，並不能使臺灣意識消失。相反的，種種挑戰的力量，只有使定居在臺灣的人民更粗壯地鍛鍊出一種共同命運的連帶感。在六〇年代以前，官方的政治宣傳曾一度模糊了臺灣人民對島嶼命運的認識。到了七〇年代以後，經濟上的刺激與政治上的動盪，終於使得一度受到壓抑的臺灣意識驟然高漲起來。

在經濟方面，工業體質的改變，能源危機的挑戰，通貨膨脹的頻繁，遂迫使島上各個角落各個層面都同時感受到彼此的生息相關。在政治方面，外交接觸的失利，國際地位的孤立，前途命運的黯淡，都無疑加深了全體島民的危機感。這種意識，不必經過宣傳鼓吹或理論演繹，便自然而然醞釀蔓延，而受到島上居民的普遍認同。

自七〇年代以來，臺灣意識的擴張，具體表現在政治上的民主運動和文學上的本土運動。前者是以臺灣意識爲指導原則，追求島嶼的前途方向；後者則是以臺灣意識爲重心，以文學的形式反映臺灣的歷史經驗和現實生活。這兩股運動並不必然緊鎖在一起，然而二者之桴鼓相應則殆無疑義。從歷史的眼光來看，這兩種運動與日據時期的近代臺灣民族運動，又有着契合的血緣關係。時代縱然不同，但是島嶼命運所面臨的危機都是一致的。這也說明了爲什麼當前參與政治運動與文學運動的工作者在前瞻之際，也會回頭去尋找歷史的根源。

臺灣人擁有臺灣意識，是不必感到抱歉的。正因爲如此，所以當中國意識論者開始構築工事批判臺灣意識時，立即就遭到有力的駁斥了。收在這册選集的十餘篇文章，部份地紀錄了近兩年來臺灣知識份子對臺灣意識的深沉思考。在這些論戰文章裏，充分呈現了臺灣青年成熟果敢的一面。在深思明辨的過程中，他們並不製造任何空虛的語言。臺灣意識是臺灣社會的自然產物，不需辯論就可成立了。然而，當被迫要辯論時，臺灣意識論者都能夠落實地以歷史學、政治學、社會學、經濟學的觀點，來闡釋臺灣意識的形成背景及其發展，並且也具體戳穿中國意識的神話性格。書中所收的陳映眞二文，以及他和戴國煇對談的紀錄，頗能代表當前中國意識論者的思想狀態。把正反兩種觀點並置，讀者很容易就瞭解此次論戰的重點及其意義之所在。

這本書之所以能夠輯佚而成，依靠許多朋友的協助，在此表示我誠摯的謝意。選輯工作完成時。楊葆菲答應將她的木刻做爲本書封面，我更衷心感激。她對島嶼的熱愛，並不遜於任何臺灣男兒。最後，我願意把這本書獻給我的朋友陳永興，十餘年來他對臺灣民主運動與文化運動所奉獻的心力，已遠超過他的年齡所能負荷的。有這樣一位朋友，我引以爲豪。是爲序。

一九八五年一月廿二日　西雅圖

# 台灣意識論戰選集 目錄


注視島內一場「台灣意識」的論戰　施敏輝　1
台灣向前走
——再論島內「台灣意識」的論戰　施敏輝　19
向著更寬廣的歷史視野……　陳映眞　31
試論陳映眞的「中國結」
——「父祖之國」如何奔流於新生的血液中？　蔡義敏　39
「中國結」與「台灣結」　陳元　53
我的中國是台灣　梁景峰　59
爲了民族的團結與和平　陳映眞　61
從移民的台灣史試解「中國結」與「台灣結」　陳元　67
「台灣人意識」、「台灣民族」的虛相與眞相
——戴國煇　陳映眞對談　葉芸芸整理　77

研究台灣史經驗談　戴國煇　99
台灣人不要「中國意識」　台灣年代　115
台獨運動眞的是資產階級運動嗎？　鄭明哲　119
洗掉中國熱昏症的「科學」粧吧！　黃連德　133
「夏潮論壇」反「台灣人意識」論的崩解　林濁水　153
台灣歷史意識問題　高伊哥　163
神話與歷史●現在與將來
——評「夏潮論壇」對黨外的批判　秦琦　173
故土的呼喚已漸遙遠　羅思遠　185
——論「台灣意識」與「中國意識」的爭辯
台灣意識——黨外民主運動的基石　陳樹鴻　191
現階段台灣文學本土化的問題　宋冬陽　207

# 注視島內一場「台灣意識」的論戰

●施敏輝

臺灣島內正展開一場小規模的論戰，這場紛爭無以名之，暫且以「臺灣意識論戰」來界定。目前，論戰的文章僅出現在『前進』和『生根』這兩份刊物上，但是它們所受的矚目，已遍及島內政治運動的各個層面，這將是一場非常有意義的論戰，其影響力也極有可能大於在此之前的任何一個論戰。因此，在戰火還未擴大之前，在國民黨的政治干涉還未介入之前，身在海外的臺灣人，實有必要密切注意這場論戰的內容，以及它所引發的問題。

# 「龍的傳人」的問題

這場論戰是如何開始的呢？今年六月四日，以演唱「龍的傳人」一曲成名的臺灣校園民歌手侯德健，自香港進入中國，並傳將在北京音樂學院進修。這個消息傳到臺北後，引起國民黨當權者的吃驚，並在臺灣各大中學的知識青年中間產生巨大的震撼。

侯德健的中國之行造成如此廣泛的訝異，其實是不難理解的。因為，侯德健所創作的「龍的傳人」那首歌，在國民黨宣傳媒介的大肆渲染之下，已成為臺灣大街小巷耳熟能詳的一首歌。這條歌的歌詞很簡單，它所歌頌的乃是「雖不曾看見長江美，夢裏常神遊長江水。雖不曾聽見黃河壯，澎湃洶湧在夢裏。」

「龍的傳人」是屬於神話的、夢境的，它與臺灣的現實環境並沒有任何會通之處。但無可否認的，國民黨三十年來在臺灣泡製出來的「中華民族主義」和思想教育，顯然已為這首歌打開一個廣闊的市場。這首歌之受歡迎，與其說是情感性的，不如說是商業性的。侯德健自己也承認：「在最初的時候，李建復要唱『龍的傳人』的時候，我這一首樂曲編排是有點自欺成份的，我將歌曲編得很華麗，很有氣勢，都是為了商業的考慮。」當國民黨把「中華民族主義」當做商品一般來販賣時，華麗的「龍的傳人」正好投商場之所好，它的大發利市也就不是什麼令人意外的事了。

然而，侯德健畢竟已發覺國民黨的利用，他爲此深深感到痛苦；因爲他知道自己創作的音樂是不應該成爲商品的。他更加瞭解，如果他在臺灣繼續從事校園民歌的工作，他的道路如果不是被國民黨扭曲，便是被國民黨封鎖，此外再也不會有第二條路可走。

於是，侯德健終於選擇了通往北京的道路，這是在國民黨閉塞政治形勢下所逼出來的。侯德健跑到中國去，究竟有沒有解決他個人的苦悶，並非是外人可以推測的。不過，他如此不告而別，誠然沒有解決國民黨所製造出來的問題，更沒有解決臺灣社會內部一部份具有「中國情結」的知識份子的問題。

這場論戰便是這樣產生的。六月十一日出版的『前進週刊』第十一期，首先報導了「龍的傳人」到達北京的消息，同時又發表一篇楊祖珺寫的「巨龍、巨龍，你瞎了眼！」在這篇文章中，楊祖珺稱侯德健是「愛國的孩子」；其中有一段頗能反映出國民黨教育下的年輕人對「龍的傳人」這首歌的看法。她說：

「我看到他（侯德健）心裏對自我的期許及要求，從小在歷史課本中看到的中國，長大社會中宣傳工具裏的中國，絕對不會因爲『龍的傳人』一首歌走紅，就撫平了這愛國孩子的心靈。說得更嚴格點，『龍的傳人』只是侯德健在學時代，輾轉反側深思不解的中國，『龍的傳人』是他揣測，希望、擔憂中的中國。」

楊祖珺的文章點出侯德健事件所隱藏的「中國意識」的問題，縱然這種意識是從書本上、宣傳上得來的，但畢竟是深深困擾着臺灣年輕一代的知識份子。

六月十八日，『前進』第十二期又刋出兩篇文章，一是陳映眞的「向着更寬廣的歷史視野……」，一是林世民的「龍沒有穿衣服」。這兩篇文章便是此次論戰的開端，它們都是因侯德健的北京之行而觸及「中國意識」和「臺灣意識」的問題。特別是陳映眞的文章，他論及的許多看法，代表長期以來臺灣知識份子在思想上和認同上的困惑。

六月廿五日，『前進』第十三期，連續刋出三篇文章，乃是對陳映眞文章的回應，包括：蔡義敏的「試論陳映眞的『中國結』」，陳元的「『中國結』與『臺灣結』」，以及梁景峯的「我的中國是臺灣」。在這三篇文章中，最值得注意的，當推蔡義敏的立論，他一方面突出「臺灣．臺灣人意識」，一方面剖析陳映眞的「父祖之國」論，是近年來島內討論臺灣意識較具規模的文章。

七月二日，『前進』第十四期再次刋出陳映眞的「爲了民族的團結與和平」，對蔡義敏做正面的答覆。在這篇文章中，陳映眞更進一步顯露出他自己的思想基礎，同時也歡迎這方面的討論繼續擴大。

七月十日，『生根』第十二期發表了陳樹鴻的「臺灣意識——黨外民主運動的基石」，對陳映眞的論點一一予以解析，並說明臺灣意識的歷史背景與現實根源。

至此，「中國意識」與「臺灣意識」的論戰，雙方的理論基礎大致舖陳出來。這原是一場極爲敏感的政治思想論戰，國民黨所採取的態度將可影響到這場紛爭的成敗。因此，在這場思想論戰還未變成政治事件時，現在來考察雙方的理論內容是極其迫切的事。

## 陳映眞的「中國意識」

陳映眞長久以來無疑是島內「中國意識」左翼路線的健將。自一九七七年臺灣鄉土文學論戰發生以降，陳映眞的文學理論與政治觀點，一直受到海內外人士的注意。爲什麼陳映眞會受到這樣的重視？這可以從下面兩個背景來瞭解：

第一、陳映眞是被國民黨迫害的思想犯。在他入獄之前，他的小說作品在六十年代頗受好評。他的小說對臺灣社會的批判極爲精確犀利，是難得的一位文學工作者。因此，他在出獄後的言行，自然引起各方的關切。

第二、陳映眞在出獄後，不斷對「分離主義」提出強烈的批判。他運用委婉的文學筆調，曲折的思想理論，持續強調「臺灣是中國的一部份」。陳映眞是臺灣本地人，他的言論立刻在島內政治運動中居有一席特殊的地位。

陳映眞的中國意識如何塑造成形，不是三言兩語可以交代淸楚的；不過，把中國當做他牢固的信仰，則是至爲明顯的。這次侯德健事件發生，陳映眞根據他的中國信仰表示看法，原是極其自然的事。然而在他那篇「向着更寬廣的歷史視野……」一文中，並非只談侯德健事件而已，他也抨擊目前正在島內擴散的「臺灣・臺灣人意識」。

在這篇文章中，他認爲「龍的傳人」這首歌之所以受到歡迎，是因爲歌裏表現的概念和情感，「是經過五千年的發展，成爲一整個民族全體的記憶和情結，深深地滲透到中國人的血液中，從而遠遠地超越了在悠遠的歷史中只不過一朝一代的任何過去的和現在的政治權力。」陳映眞之所以肯定這首歌，乃是把它放在一個幽遠的中國歷史情境來看，而不是從臺灣的現實出發。至於爲什麼「龍的傳人」是經過五千年發展出來的記憶與情結，陳映眞並未做進一步的闡釋。

然後，他的筆鋒一轉，突然批評起目前島內正滋長的「臺灣・臺灣人意識」，是一種被誤用的歷史唯物論，是多麼幼稚、可笑。陳映眞說，臺灣意識的理論基礎是這樣的：

「臺灣在與中國本土相隔絕的地理、社會環境下，經過了四百年獨自的移民、開拓，及近代化資本主義歷史發展，而形成在社會上、心理上與『中國・中國人』不同的『臺灣人』。」

陳映眞引述了這段理論，其實是取自史明的『臺灣人四百年史』。但是，陳映眞並不是忠實地引用原文，而是刻意予以刪減、斷章，變成一段粗糙蕪雜的陳述。經過陳映眞的扭曲之後，他便率爾對臺灣意識的理論指稱爲「幼稚、可笑」了。

於是陳映眞根據他假想的「幼稚可笑」的言論提出了一個問題：爲什麼同樣來自福建、廣東的漢人，一部份到臺灣，一部份到了南洋、北美，幾乎都同樣的「開拓」、「移民」，並且有些也經歷了更徹底的「近代化資本主義歷史發展」（如在北美洲的漢人），却偏偏只有在臺灣的漢人會發展出相對於「中國・中國人」的「臺灣・臺灣人意識」？

陳映眞並不同意有「臺灣人意識」的存在。他表示：

「至若說臺灣社會的矛盾，是『中國人』民族對『臺灣人』民族的殖民壓迫和剝削，則只要看看組織在資本主義臺灣社會的所謂『中國人』與『臺灣人』之間的關係，絕不是所謂『中國人＝支配民族＝支配階級』對『臺灣人＝被支配民族＝被壓迫、剝削階級』的關係，一如過去日本人之於臺灣、朝鮮人或英國人之對於印度人，就十分明白了。」

從陳映眞的這篇文章來看，其實他並不是要評論侯德健事件，其主要的炮火是針對日益滋長的臺灣人意識。陳映眞說，近兩年來他看見臺灣意識「在一小撮輕狂的小布爾喬亞知識份子中蔓延，並且自始帶着一種令人傷痛的、落後的反華意識，發展到對於參予和堅定支持黨外民主運動的外省人，也毫不顧及起碼的禮貌，可以當面對人任意識刺和挑激的地步。這其實已不只是思想上的幼稚，也是政治上的嚴重小兒病了」。

總的看來，陳映眞所強調的「向着更寬廣的歷史視野」，其實是指中國的歷史而言。不過，陳映眞並沒有反問幾個問題：

**爲什麼向着中國的歷史視野，就一定是廣闊的？**

**爲什麼看中國之後，就可輕易否定臺灣意識？**

**爲什麼具有臺灣意識者，就必然是帶着「落後的反華意識」？**

對於這些問題，陳映眞恐怕沒有仔細去討論過吧。

## 盲點與死角

身爲一位社會主義者的陳映眞，在堅持他的中國意識時，是不應該如此以輕蔑的態度來對待在臺灣社會內部所醞釀出來的臺灣意識。陳映眞的輕蔑，表現在他引述史明理論的手法上。

不錯的，臺灣意識的成長，是經過四百年在臺灣獨自的移民、開拓而發展出來的。然而，這種歷史演變並非如陳映眞所說那麼粗疎，那麼幼稚可笑。在他的引述中，陳映眞故意略去臺灣這個特定時空所具有的殖民地歷史性格。經過他的扭曲之後，臺灣人的移民開拓，與其他漢人向外的移民開拓並沒有兩樣；而且臺灣的歷史，並沒有經過任何的特殊階段，便立刻跨入「近代化資本主義」的社會了。

臺灣・臺灣人意識並不是如此簡單發展出來的。陳映眞在堅持中國信仰時，不但暴露了他對中國歷史認識的草率，而且也暴露了他對臺灣歷史認識的茫然。

漢人離開中國大陸向海外移民時，確實是分別向南洋和臺灣發展。到了十九世紀末期，才有漢人向北美洲移民，這是不容否認的事實。陳映眞問：爲什麼只有臺灣這塊土地上的漢人會發展出臺灣意識，而其他地區的漢人移民却沒有形成各自的意識？這個問題的提出，正好反映了陳映眞的盲點。

其實這個問題的答案很簡單。就移民到南洋的漢人來說，在某些地區如印尼、越南者，漢人是少數人，他們如果不是融入當地的社會，成爲該社會的一份子；不然就是堅持他們高等華人的意識，拒絕與該社會結合，因而必然不斷遭到當地居民的排華運動。這兩種情況，是不可能發展出單獨的意識的。

至於在另一地區如新加坡者，漢人移民是多數人。然而，他們願意與當地的社會融合在一起，共同建立一個新的政治體制。在新的獨立的政經條件之下，這些漢人自然就發展出相對於中國意識的新加坡意識。現任新加坡總理李光耀，就曾公開對前往訪問的中國領導人鄧小平表示，到新加坡販賣「中國民族主義」是不受歡迎的。

新加坡意識的誕生，乃是在單獨存在的一個新社會醞釀塑造的。在這方面，臺灣意識的形成，比起新加坡意識的發展，還要深刻而漫長。因爲，新加坡意識是在第二次世界大戰以後才有的產物，而臺灣意識遠在第一次世界大戰之前就已經存在的了。

臺灣社會是經過將近四百年的殖民剝削過程而構成的。在漫長的歷史裏，漢人移民與不同的外來統治者，一直存在着緊張對抗關係。透過不斷的武力鬪爭，漢人移民在臺灣社會便無可避免發展出本地意識。這種本地意識的具體表現，便是一八九五年滿清把臺灣割讓給日本人時，臺灣人自動自發組成了「臺灣民主國」。

「臺灣民主國」在現實政治裏雖然是一個失敗的嘗試；然而，它在臺灣意識的凝聚過程中，却是相當重要的一步。在思想意識上，它確實給臺灣的漢人建立了本土的自主的信念。「臺灣人」一詞的出現，便是在日本據臺的廿年後正式產生的。

在滿淸時代，「臺灣人」本來只是狹義地指住在臺南一帶的漢人，因爲那是臺灣府治的所在地。但是日本在臺灣進行近代化的殖民統治以後，全島性的交通、經濟、農業、工業體制在島上次第建立起來。近代化的社會經濟條件，使臺灣人意識變成了「全島意識」；藉着各種近代化的設施與制度，定居在臺灣南北的漢人，共同負擔了一樣偏頗的價値觀念，共同承受了一樣不公不平的待遇。日本殖民者在臺灣加諸了許多屈辱性的體制，臺灣居民幾乎都毫無例外地受到薰陶與灌輸，儘管他們是多麼不情願地去接受。

日本在臺灣建立起來的全島性體制，既不同於日本本土，也不同於中國大陸。這種殖民體制便註定臺灣要變成一個特殊的、獨立的社會。三百年來在臺灣因政治鬪爭而產生的本土意識，再經過「臺灣民主國」這個政治觸媒，並透過全島性殖民體制所建立的特殊社會的強化，於是一個鮮明的臺灣意識便無可避免地鍛鍊出來。

歷史事實舖陳得非常淸楚，在臺灣跨入更徹底的「近代化資本主義」的階段之前，臺灣意識早就確立了深厚的、客觀的基礎。那是自然的衍化，而不是人爲的宣傳。

基於這種本土性的、全島性的臺灣意識，臺灣人民在日據時代才得以有一個堅強牢固的思想據點，對日本殖民統治者展開政治上、經濟上、文化上的鬪爭。在種種的鬪爭中，臺灣人民中間出現了「祖國派」、「民族派」等等旗幟，但是追究其運動本質，最後仍然要歸結到以臺灣意識爲中心。因爲「祖國派」、「民族派」等政治運動的物質基礎和政治訴求，都是以臺灣社會爲主體。他們所追求的乃是臺灣人民的解放，而不是中國人民的解放。臺灣文化協會、臺灣民衆黨、臺灣共產黨、臺灣農民組合，以及臺灣文藝聯盟等等政治和文化運動，無疑是以臺灣意識做爲最堅強的思想武器。

面對這樣的歷史事實，陳映眞顯然是非常不情願去看的。對他而言，他寧可把臺灣納入中國的歷史脈絡裏；他寧可只看中國在近百年所受帝國主義的侵略，而不願去看過去三百多年臺灣被歷來統治者（包括中國在內）的殖民事實。

陳映眞對臺灣歷史這麼生疏，而且又這麼鄙夷，他如何能自稱是「向着更寬廣的歷史視野」呢？寬廣的歷史視野，絕對不是建立在草昧的捨近求遠的基礎上。做爲一個虔誠的社會主義者，陳映眞如何能離開物質基礎而空談臺灣歷史呢？

## 臺灣意識的現實根源

陳映眞的文章發表之後，在島內立卽獲得了回應。其中最有力者，是在『前進』第十三期，蔡義敏所寫的「試論陳映眞的『中國結』」，以及在『生根』第十二期，陳樹鴻所寫的「臺灣意識——黨外民主運動的基石」。

長期以來，討論臺灣人和臺灣意識的文字，一直是島內的禁忌。在國民黨的封鎖之下，所有宣揚中國意識的文章，無不所向披靡，節節勝利。蔡義敏和陳樹鴻的兩篇文章，可以說突破了言論禁區，正式爲臺灣意識開闢了新的討論的領土。蔡義敏的文章，如果可以視爲「破」的工作，則陳樹鴻的文章便是在從事「立」的工作。在這一破一立之間，我們可以瞭解臺灣意識是建基在怎樣的歷史和現實根源之上。

蔡義敏指出，陳映眞的文章顯現了嚴重的雙重標準：他一方面認爲中國意識是一種自然的民族主義，是向着寬廣的歷史視野；另一方面却指控臺灣意識是幼稚可笑了。蔡義敏說，如果中國意識可以稱爲「自然的民族主義」，那麼對一個在一特定地區生生息息三百多年，身不由己的飽受種種歷史折磨的一羣漢人所自然衍生出來的理念意識，又如何能稱之爲幼稚可笑的呢？

如果陳映眞對中國民族主義懷抱深厚的憂慮和期待，他如何能對一千數百萬人相當自然的在眞實血肉歷史過程中衍生出來的意識，視爲是並不美麗的歷史錯誤呢？

陳映眞視臺灣意識爲幼稚和歷史錯誤之後，他表現出一付胸襟廣闊的姿態說：

「然而也就在這一份幼稚上，它就益爲可同情的。『臺灣・臺灣人』主義的錯誤，不應該僅僅由那些少數人去負責。全體中國人都有一份責任。」

說這樣的話，可以說是相當用心良苦的。陳映眞既可一口咬定臺灣意識是錯誤的，又可表現出他的「泱泱大國」之風，這是非常感人而又動人的手法。

然而，蔡義敏指出陳映眞這種胸襟廣闊的虛僞性。他說：

「他（陳映眞）所說的全體中國人，不知是否包括散居在世界各地的華裔在內，但顯然是包括生活在中國大陸的所有中國人在內的。令人不解的是，一個在一九七〇年出生於齊齊哈爾或出生於解縣的中國少年，如何對陳映眞所說的錯誤負責呢？要負些什麼責任呢？如此的打高空，不嫌太過矯情了嗎？矯情一至於此，要說不是有某種盲點存在於其歷史視野之中，又如何能得到解釋呢？」

緊接在蔡義敏的批駁之後，陳樹鴻的文章立卽正面提出臺灣意識的具體內容。他指出，臺灣意識是日本人據臺以後逐漸成型的。他以歷史事實來解釋：

「一九〇〇—一九〇四年間統一了度量衡及幣制，一九二三年完成南北縱貫公路，這些措施一方面促進了全島性企業的發展，另一方面也反映了臺灣社會及經濟活動整體化的程度。有了整體化的社會生活和經濟生活，就必然地產生了全島性休戚與共的『臺灣意識』了。」

基於這樣的客觀歷史進展，臺灣意識日益成型、鞏固。

沿着同樣的歷史發展，第二次戰後的政治並沒有改變全島整合的趨勢。陳樹鴻指出：

「一九四九年前後來臺的大陸人士，不論其主觀願望如何，終究是這塊土地上長期生存、活動、衰老或者成長的。他們面對着一個客觀存在着的社會經濟體——臺灣人民——是要自外於它呢？還是進入其中？答案是極其明顯的。而到今天爲止的臺灣歷史也證明了這一點：大陸人並不能自外於臺灣社會而形成一個個別的社會經濟活動範圍的，他們別無選擇只能進入其中，與臺灣社會融成一體，成爲臺灣人。」

以臺灣人爲主體的臺灣意識，到七十年代因整體經濟性的發展而深入社會各個層面。他說，七十年代以後蓬勃發展的鄉土文學運動與黨外民主運動，正是臺灣意識衝擊下的必然產物。這種牢固的臺灣意識，却歷來被陳映眞不斷形容爲「分離主義」。陳映眞在他的「鄉土文學的盲點」一文中也承認過：

「臺灣淪爲日本殖民地之後，日本在臺灣進行了臺灣社會經濟之資本主義改造。……於是一種新的意識——那就是所謂『臺灣人意識』產生了。」

然而，陳映眞却又說：

「臺灣鄉土文學的個性，便在全亞洲、全中南美洲和全非洲殖民地文學的個性中消失，而在全中國近代反帝、反封建的個性中，統一在中國近代文學之中，成爲它光輝的不可割切的一環。」

根據陳映眞的意思，如果在戰後繼續堅稱有臺灣意識的話，那就是「分離主義」了。這是非常令人困惑的說法。陳樹鴻認爲，如果陳映眞否定臺灣人形成的共同意識，那麼那些在殖民地性格中成長起來的中國民族、韓國民族以及印度民族，豈不也都同樣要被陳映眞否定了？爲什麼同樣經過殖民地的歷史過程，中國人可以有他們的中國的意識，而臺灣人就不容有臺灣意識呢？

至於陳映眞提出「分離主義」的指控，就更使人難以理解了。陳樹鴻反問他：「分離於誰呢？如果是指日據時代的臺灣人要從日本帝國主義下分離出來，那豈不是民族主義之所當然嗎？如果是指現在，臺灣人民與大陸上的中共本來就不在一起，那談得上什麼分離呢？」

如果臺灣鄉土文學是建基於臺灣實體的客觀存在的話，那麼黨外民主運動也不例外。陳樹鴻認爲，拒絕根據臺灣的客觀現實去進行政治改革，却口口聲聲宣稱「法統」來自大陸，將來也要把「法統」帶回大陸，「這等於是把人民置於時空隧道，讓過去和未來統治現在。這種時空錯亂、認同誤謬的統治方式，必然要隨着臺灣社會的整體化，臺灣意識的崛起而矛盾百出，捉襟見肘了」。

臺灣的黨外民主運動，便是因爲臺灣社會的整體化已到達了相當成熟的程度，產生了強烈的臺灣意識，因此要求掃除與這樣的現實意識不相配合的一切制度一切障碍。文學上的空幻，政治上的脫離現實，都在掃除之列。正因爲臺灣意識是政治運動的主體，因此要談民主，就不能脫離臺灣意識來講。

他認爲，臺灣意識是不可能擴大所謂的「省籍矛盾」的。陳樹鴻在最後的結論說：

「既然臺灣社會已經形成一個政治經濟的共同體，我們已經說過，所謂的『外省人』並無法自外於這個社會，不可能也沒有跡象顯示他們自成另外一個共同體，因此，所謂的『省籍矛盾』這種講法是不對的，唯一有的是主觀認同與客觀存在之間的矛盾。隨着民主運動的進展；隨着『外省人』漸漸地認識到他們的命運其實是和這一千八百萬人緊緊地依在一起；隨着臺灣意識的普遍認同，這個矛盾終必被消滅。在我們面前的只有這麼一條路。

蔡義敏和陳樹鴻的文章，可以說給了陳映眞的「中國意識論」一個最好的答覆。他二人的文章，都沒有脫離臺灣的現實來討論，相反的，他們的論點都是以臺灣的現實狀況作爲根據。

## 迎接更大的論戰

陳映眞在『前進』第十四期寫了一篇「爲了民族的團結與和平」，並沒有正面回答蔡義敏的質問。陳映眞說，任何主張臺灣人是一個「獨立的民族」的言論，都是爲國民黨所不容，甚至可以據而入罪、逮捕和判罪的言論。陳映眞又說，批評「臺灣民族論」的言論，不論多麼獨立於國民黨官式意識型態，在客觀上都不免有爲國民黨作倀的嫌疑。所以他避免參加論戰了。

陳映眞的這種態度，看來是非常仁慈而雍容有度。然而，容我們不客氣指出，陳映眞畢竟是畏縮而倒退了。一個很明顯的事實是，陳映眞在過去長達六年中，對臺灣民族、臺灣獨立的理論，已經進行了長期的批判。爲什麼他從來沒有說過「不免有爲國民黨作倀的嫌疑」呢？爲什麼現在引起臺灣新生代的批判，他就突然變得這麼謙卑而寬容呢？

在客觀的眞理之前，是應該好好辯論的。臺灣人民爲了自己的眞理而入獄已不計其數，這次絕對不會爲了會受國民黨的監禁而從此不敢討論臺灣意識的。陳映眞站在眞理之前，實不必擔心自己是否爲國民黨說話。他實在應該把他的中國意識說得清楚一些，而不應繼續做唯心的、脫離現實的演繹。

現在這場論戰還只是一個開端而已。這數篇文章已爲島內知識份子啓開了新的想像空間；未來還會有一個更大的討論，則是可以預期的。島內外的臺灣人，讓我們來迎接一個更大的論戰吧！

（一九八四年於美國）

# 台灣向前走

## ——再論島內「台灣意識」的論戰

●施敏輝

### 戰火擴大的跡象

島內有關「中國結」和「臺灣結」的爭論，戰火已有擴大的跡象。我在上期『美麗島週刊』發表「注視島內一場『臺灣意識』的論戰」一文表示，這場牽涉到臺灣意識與中國意識的論戰，在未來還會有一個更大的討論。這個預測是正確的。

這次論戰是在『前進』周刊引出來的，『生根』立刻發表文章予以回應，『亞洲人』也有一篇反諷的文章。如今『夏潮論壇』和『縱橫』月刊也出現一系列文章參戰。這說明什麼？臺灣意識與中國意識之間的歧異性和緊張性，終於浮現到政治運動的表面來談了。這種問題在過去二、三十年中，都是在私底下進行討論的。爲什麼在地下進行？因爲在國民黨體制下，根本容納不得臺灣意識的存在。

但是，爲什麼這種討論又表面化了呢？在回答這個問題之前，我們先看看在北美發行的『中國時報』是怎麼說的？該報在七月廿七日發表一篇題爲「『中國結』與『臺灣結』」的社論，談到這次島內黨外雜誌的論戰。它認爲這問題之所以會提出來，至少證明了兩件事：「一是國府的言論尺度及治安處置已經放寬了許多；二是卅年『國民政府臺灣化』的結果，已經使這個問題早晚必須提出討論。」

這種說法其實是沒有根據的，而且也是非常混淆視聽的。先就第一點來說，國民黨言論尺度有沒有放寬，可以從去年九月廿八日「美麗島受難人共同聲明」所得到的待遇探測出來。共同聲明只談到「在臺灣完成民主，遠比爲中國製造統一更爲迫切、更爲重要」，就立卽引來國民黨上上下下的圍剿，當時臺北的『中國時報』也跟着咬牙切齒、磨刀霍霍，這算是什麼「言論尺度放寬」呢？發表共同聲明的四位受難人，在傳單散發之後，還受到三週禁止與家屬見面的處罰，這又算是什麼「治安處置放寬」呢?所謂放寬的說法,只是『中國時報』把自己的嘴巴放寬而已,話說得大聲一點罷了。我們看不出國民黨有任何「言論尺度放寬」的跡象。這場論戰打到最後,國民黨一旦手癢,還是會動手抓人的。

就第二點來說,國民黨在臺灣三十年,從來的政策就是反對「臺灣化」的;不要以為在政治桌面上擺了幾隻花瓶,就說是臺灣化。果眞要臺灣化的話,國民黨爲什麼至今仍如此仇視並鎭壓臺灣歷史與臺灣語言呢?

『中國時報』如此爲島內的論戰強作解人,只不過暴露它根本不瞭解此次思想討論所具有的深遠意義。

臺灣意識在這個階段會蓬勃發展起來,主要是在臺灣社會經濟發展到一定的程度必然要開花結果的。撇開過去三百餘年的歷史發展不談,卽使只集中在近三十年的臺灣社會結構來看,島內人民受到同樣高度的政治壓迫,承擔同樣偏頗的教育制度,面臨同樣畸形的經濟發展;這種種經驗絕對不是任何居住在臺灣地區以外的人——包括中國人民在內——所能分嚐的。這種經驗透過長達三十年的累積,難道還不足以醞釀出一個共同的意識嗎?如果再把這三十年的經驗與過去三百餘年的歷史經驗銜接起來,這還不足以形成一個共同的意識嗎?

臺灣意識的發展,特別是在七十年以後經歷外來經濟侵略的煎熬,以及內部政治壓力的塑造，自然而然就更加突飛猛進了。這種意識豈可用傳統的、虛無的中國意識來概括呢？

這次論戰的爆發，便足以反映出臺灣意識的萌芽滋長，已大出中國意識信仰者的意料之外。中國意識的信仰者，只不過是知識份子未能把他們的現實經驗與他們的思想訓練結合起來。知識份子的搖擺性，表現在他們能夠把認同的問題從現實經驗中疏離出來。他們可以爲一個認同的信仰，而與現實抵抗。

臺灣意識的自然成長，隨着臺灣民主運動的頓挫與繼起，並配合鄉土文學的播種與擴張，而變成臺灣社會意識中的一股主流。中國意識的信仰者，爲了抵抗這股臺灣意識的膨脹，乃不得不打起這場論戰，這是一個必然的趨勢。這場論戰卽使不在今年爆發，也會在不久的將來爆發。

## 『夏潮論壇』參戰

這次論戰會擴大，是『夏潮論壇』的投入。『夏潮論壇』是島內中國意識信仰者的一個重要據點。自今年創刊以來，它對臺灣黨外民主運動的批判，便斷斷續續展開。其批判大多是集中在黨外對臺灣歷史的研究，但對臺灣意識的批評則較內斂。

七月號的『夏潮論壇』，爲了迎接論戰，在這期刊出了三篇文章：

一、紀斷弦：「斷裂的巨龍——評被扭曲的民族主義」。

二、李瀛：「寫作是一個思想批評和自我檢討的過程——訪陳映眞」。

三、陳映眞：「從江文也的遭遇談起」。

這三篇文章，其實都是以陳映眞爲重心，換句話說，島內的中國意識信仰者其實都是接受陳映眞一個人的領導，他們的理論基礎都是由陳映眞提供的。因此，要分析中國意識的陣營，只要分析陳映眞的觀點就可以獲得瞭解。

在「訪陳映眞」那篇文章中，陳映眞的談話都集中在他個人的寫作生涯，多少反映他目前的創作觀與思想狀態。在整篇專訪中，陳映眞提到現代跨國公司對第三世界侵蝕的事實。有兩個地方，是値得一提的，他說：

「跨國企業這些巨大而深刻的影響，並不是以利砲船堅加在弱小國家的頭上，它是以甜美的方式——『進步』、『舒適』、『豐富』、『享樂』……這些痲醉人的心靈的消費主義，加在我們的生活和文化上。需要一點批判的知識，才能透視它的眞相。臺灣知識、文化界的一般，似乎對之渾然不覺。」

「『臺灣』也罷，『本土』也罷，要注意它的具體內容。我只是說，所謂一些人含淚高舉『臺灣』——它的文化、傳統、特質——在國際行銷體制和國際消費文化中，正在每時每刻，一寸寸地崩解。這似乎是本土論者所未察的……。」

基本上，陳映眞認爲臺灣受到跨國公司的層層剝解，使得臺灣本土的文化、傳統、特質一寸一寸崩潰，這個事實是不能否認的。然而，臺灣的知識、文化界果眞就對這種現象「渾然不覺」嗎？

在鄉土文學論戰中參加過辯論的陳映眞，不會不知道七十年代鄉土文學的崛起，不就是對美、日經濟侵略的一個回應嗎？臺灣的本土作家，絕對不會如陳映眞所說的，只有他一個人才感覺到這種侵略，而別人都沒有警覺。

陳映眞的意思顯然是說，主張臺灣本土論者都沒有發現臺灣的文化特質已一步步遭到解體，無論如何抵抗，「本土」最後還是要屈服於跨國公司的侵蝕之下的。

但是，這究竟要說明什麼呢？臺灣本土論者並不是食古不化地保存臺灣舊有的一切文化遺產。相反的，本土論者乃是要從過去被迫害的歷史經驗中吸取教訓，從而學習一些抵抗的方法，並學習如何武裝自己的思想。

含淚高舉臺灣意識的旗幟者，不會如含淚高舉「中國」的陳映眞所說，是那麼愚騃而以至於到了未察的地步。如果本土論者最後必然都要被跨國公司壓服，那麼陳映眞所強調的「中國民族主義」也躲不過同樣的命運。然而，如果用「中國民族主義」的盾牌可以抵抗跨國公司的話，那麼爲什麼有現實基礎的臺灣本土論者就不能抵抗跨國公司呢？

同樣是一種政治意識，爲什麼陳映眞會認爲中國意識就比臺灣意識優越呢？這種自認爲有優越感的中國意識，會被形容爲「沙文主義」，豈不是非常恰當而適用的嗎？爲什麼在「爲了民族的團結與和平」（見『前進』第十四期）一文中，陳映眞要說：「對於某些人特別在近一年來在這裏、那裏，用這樣、那樣的方式，說別人是『漢族沙文主義』、『愛國沙文主義』、『中國民族主義』，我們一直是隱忍着」？陳映眞在隱忍什麼呢？對臺灣意識表現出那種輕蔑的態度，不是「沙文主義」是什麼呢？

正因爲陳映眞對臺灣意識如此輕視，所以他在「從江文也的遭遇談起」一文中，對於江文也所受悲慘的命運也就如此「渾然不覺」了。陳映眞的這篇文章，其實是回應謝里法的「斷層下的老藤——我所找到的江文也」（見『臺灣文藝』第八二期）。

謝里法在他的文章中指出，近代臺灣人的痛苦，特別是在與中國接觸的歷史上，簡直背負着沉重的「原罪」。

對這個論點，陳映眞反問說：「從分離主義觀點看，或者也不無道理。問題是：中共的錯誤政策下犧牲的愛國知識份子，全部是、或者絕大多數是臺灣籍知識份子呢？抑或全中國的愛國的知識份子，都無法倖免呢？」陳映眞緊接着提出實例說，並非只有江文也被中共迫害而已，像中國文人如吳晗、巴金、蕭珊、艾靑、丁玲……等等，都背負了多麼悲慘的命運。

陳映眞的意思是說，這不是臺灣人的「原罪」，而是整個中國知識份子的「原罪」。但事實是如此嗎？陳映眞能夠如此粗暴就抹掉臺灣人所受多倍於中國文人的迫害嗎？中國的文人如吳晗、艾青等，都是在文化大革命中被迫害的。然而早在文革之前，流落在中國大陸的臺灣人如江文也、蘇新等人就已經受到迫害了，他們被迫害的原因不是因爲他們是知識份子，而是臺灣人的緣故。江文也在反右運動中被迫害時，就背了「海外關係」的罪名，他的罪不是來自他的「知識」，而是來自他「臺灣人」的身份。文革爆發以後，中國知識份子被迫害時，江文也又再一次被迫害。同樣是被迫害，中國知識份子的罪名是階級問題，江文也的罪名還是「臺灣人」，這是不能不加以區別的。

陳映眞企圖以「知識份子的原罪」，來掩蓋「臺灣人的原罪」，從而把臺灣意識輕易拭去，這是他的用心良苦之處。然而，陳映眞對事實的認識既是如此粗糙草昧，那麼他的努力也就徒勞無功了。

臺灣人原罪的問題，不必從分離主義的觀點來看就非常顯而易見了。倒是陳映眞如果能從統一派觀點抽離出來看，他就會發覺江文也的遭遇本來就是臺灣人的原罪問題，而不是中國知識份子的原罪問題。

# 落空的中國意識

以陳映眞爲中心的中國意識論者，對臺灣意識的輕蔑，其實是源自他們對臺灣歷史的認識還停留在相當原始的階段。這點表現『前進』第十六期的另一篇文章，就非常淸楚。該期發表江迅的「『臺灣民族主義』的弔詭」，便是一方面呼應陳映眞的論點，一方面批駁蔡義敏的「試論陳映眞的『中國結』」（見『前進』第十三期）。

江迅在他的文中，充分顯露出他對臺灣歷史認識的程度。江迅認爲，臺灣意識的產生是在二二八事件以後才有的，在此之前，臺胞則充滿了「重歸祖國懷抱的興奮之情」。

臺灣意識果眞是在二二八事件之後才產生的嗎？這是江迅不瞭解臺灣的歷史，而且也是不瞭解二二八的背景。誠然，臺灣人在二二八之前確實對「祖國」有過幻想，然而這種幻想是沒有物質基礎的。如果統一派論者硬要把這種幻想解釋爲中國意識，那麼這種中國意識畢竟太脆弱了，否則，它不會在短短一年之內就消失殆盡。

幻想是短暫的，意識則是一種長遠的信仰。臺灣意識的誕生，絕對不會因爲經歷一次二二八事件就立刻塑造成型的。臺灣人在戰後從日本殖民體制解放出來時，並沒有預料勝利的果實會這麼快就掉下來的。他們當時對中國的幻想，便是基於「同文同種」的認識而產生的。然而，這種幻想並不能否定在過去三百餘年來以至日據時代爲止所醞釀出來的臺灣人意識。「同文同種」的幻想，果然證明是落空的。臺灣人在戰後短短一年對「祖國」的幻滅，便充分代表中國意識在臺灣是沒有物質基礎的。

江迅在他的文中認定臺灣意識是在二二八事件以後產生的，所以他才會說：

「這種恣意的切割歷史，有其根本的弊害：一是忽略臺灣與中國在整體性的世界發展所可能具有的共同歷史性格；二則抹煞了兩者在不同意識型態下，仍可能就共同的歷史文化，產生超意識型態的，互助的文化發展。」

江迅的這兩個論點，又再一次證明中國意識的落空。例如，他說臺灣與中國具有「共同歷史性格」，指的是那一方面呢？如果指的是文化，這是不用爭辯的。然而，文化的相近並不就表示能相互合併。在整個東亞文化圈中，日本、韓國、越南、新加坡中，那一個地區不是受到中國儒家文化的薰陶，但這個事實（或歷史性格）能證明什麼呢？

如果撇開共同的文化和種族（就是所謂的「同文同種」）不談，從社會結構、經濟基礎、生產關係，以及政治遭遇來看，憑史實來說，中國與臺灣何嘗具有同樣的歷史性格？如果江迅能夠舉出證據的話，臺灣人都願意洗耳恭聽。

至於說，臺灣與中國可以產生「超意識型態的、互助的文化發展」，如果是指「合併」的話，那是天方夜譚。在世界史上，還沒有產生過超意識的合併的國家。這就像是說，資產階級和無產階級可以做超意識的結合一樣，這是相當天眞的一個神話。

但如果不是指「合併」，而是指國際間的相互合作，相信沒有一個臺灣人會反對的。美國與中國現階段的關係正常化，不就是一種超意識的、互助的文化發展嗎？

江迅在那篇文章中，一直要把臺灣人意識扭曲爲「省籍衝突」，辯論辯到如此混淆視聽的地步，除了證明中國意識信仰者理論的荒涼之外，並不能進一步解釋什麼。這一點，臺灣本土論者是不願與之瞎夾纏的。

江迅的理論之貧乏，也表現在如下的論點：

「……所當更加關心的，應是『分離主義』所付出的代價：包括國際帝國主義的窺伺垂涎、中共的反應，以及臺灣內部可能引起的種種難以消除的感性對抗。」

這麼熟悉的論點，豈非是三十年來國民黨日夜宣傳的論調嗎？如果是要這樣辯論的話，那又何必繞一大圈呢？國民黨的這套宣傳，這幾年來已證明是破產的，現在統一派如此饑不擇食拿這種國民黨宣傳做辯論的基礎，豈非是中國意識的又一次落空？

## 打好漂亮的一仗

島內的「臺灣意識」與「中國意識」之論戰，對臺灣民主運動而言，是非常健康有益的。只有通過雙方理論的舖陳，才會使民主運動的性格更清楚顯露出來。

到現在爲止，中國意識論者幾乎已把他們全部的理論掏出來了，而且他們似乎也傾巢而出，準備做人海戰術。不過，要提醒的是，論戰的成敗並不決定在量的多寡，而在於質的精粗。

這一場仗是應該打好的。很明顯的，中國意識論者在整個論戰還未全面展開之前，其理論之貧困就已暴露出來了。爲什麼呢？理論絕對不是依賴文字的、平面的、唯心的演繹，而必須依賴事實，具體的、有物質基礎的印證。臺灣意識論者的文章才出現三篇，但在論證與推理上都極爲紮實。沿着這種具體的、落實的方式來辯論，臺灣本土論者一定可以打好漂亮的一仗。

（一九八四年於美國）

# 向著更寬廣的歷史視野……

●陳映眞

古老的東方有一條江·
它的名字就叫長江；
遙遠的東方有一條河，
它的名字就叫黄河。
雖不曾看見長江美，
夢裏常神遊長江水。
雖不曾聽見黄河壯，
澎湃洶湧在夢裏。
……

幾年前，偶然在電視上聽見這首歌，漫不經心地看着字幕打出來的歌辭，在不知不覺間受到深深的吸引。聽完整首歌，胸中喉裏，竟梗着一股酸熱。「啊！有這樣的歌麼？」我不禁在心中呼叫起來。

沒有多久，這條歌就唱遍了臺灣的大街小巷。民衆、青年、學生對這首歌熱烈的反應，旣連對於它的作者侯德健，怕也是一樁意外又意外的事。

## 長江、黃河、中國人

長江、黃河；長江之水，黃河澎湃洶湧的浪濤；中國；龍；「黑眼睛黑頭髮黃皮膚」的中國人；百年前列強在中國的隆隆砲聲……這些辭句和形象，深深地引動了沉睡在我們內心深處的民族情感。儘管做爲歌曲，這首歌絕不是毫無瑕疵的；儘管從歌詞的文字標準來看，這首歌辭還有明顯的音韻、修辭上的問題，但它終於唱遍了臺灣，唱遍了全世界凡有中國人的地方。

這說明了什麼？

也許海峽那邊的宣傳家，會毫不假思索地說什麼這是臺灣人民亟思「回歸祖國」的表現云云。這當然絕對不是眞的，今天，還有哪一個中國人願意去接受一個官僚主義、特權主義、缺少民主和自由，說的和做的相距不啻天壤的制度呢？

但這首歌確實深深地打動了我們靈魂的深處，因爲它唱到黃河、長江這兩條絕不僅僅是具有地理學意義的河流；唱到絕不單單是人種學意義上的，「黑頭髮、黑眼睛、黃皮膚」的「龍的傳人」；它所唱的「百年前」「隆隆的砲聲」，也絕不只是一件單純的歷史紀事。這首歌整體地唱出了深遠、複雜的文化和歷史上一切有關中國的概念和情感。這種概念和情感，是經過五千年的發展，成爲一整個民族全體的記憶和情結，深深地滲透到中國人的血液中，從而遠遠地超越了在悠遠的歷史中只不過一朝一代的任何過去的和現在的政治權力。

當我們在一個來訪的外國交響樂演出中，聽見樂團禮貌地奏出一首素樸的中國樂曲，我們立刻會感覺到一種發自內心深處最喜悅的共鳴；當我們在林懷民的舞台上看見的大鵬在碎鼓聲中奔走翻躍，或聽見陳達滄茫的「思想起」從音響設備中盈場而來，我們甚至熱淚盈眶，含着湧自內心的微笑，死命地鼓掌。爲什麼？因爲它們牽動了深深地瑟縮在我們心中奧遠處的記憶和情感。而這種激動的體驗，只要我們願意公平、誠實地說，是絕無本省人和外省人的區別的。而且，只要肯公平、誠實地思考，這一份情感，是絕無須乎依存於任何一個世俗的，於歷史中爲暫時的權力的。

## 空想漢族主義

有少數一些人，會認爲對中國的情感，因省籍條件而有不同。如果說「龍的傳人」這首歌只有「外省仔」（甚至「中國人」才會喜歡），怎麼也無從說明這首歌持久（已有一、二年吧）而廣泛的流行性。「這只不過是一種『空想漢族主義』罷了！」他們說。他的主張「臺灣在與中國本土相隔絕的地理、社會環境下，經過了四百年獨自的移民、開拓、及近代化資本主義歷史發展，而形成在社會上、心理上與『中國・中國人』不同的『臺灣・臺灣人』」，從而，他們在檢討臺灣人民於日據時代悲壯的反抗日本帝國主義的民族運動的歷史時，對於當時臺灣大部分知識分子，特別是「民族派」臺灣知識分子所秉持以抗日的「祖國中國」、「中國的臺灣」的觀念，恨恨然加以指斥，指爲「空想漢族主義」。

就說幾百年來，福建和廣東的漢人向外遷徙，一部分到了臺灣，一部分到了南洋、北美洲。幾乎同樣的「開拓」、「移民」，並且有些經過了更徹底的「近代化資本主義歷史發展」（如在北美洲的漢人），却說唯獨在臺灣的漢人會發展出相對於「中國・中國人」的「臺灣・臺灣人」意識。侯德健和許多不分省籍的青年，共同經歷了臺灣近三十年來歷史上空前的「近代化資本主義發展」，却還單純地懷着對中國歷史、文化和地理的摯熱的感銘。遠在尚未進入農業時代的猶太人不單亡了國，而且四處飄泊，經歷了不止「四百年」的「移民」、「開拓」、「流徙」，並且不但在各寓居國「經歷」了遠比臺灣還徹底的「近代化資本主義歷史發展」，還成爲整個西方「近代化資本主義歷史發展」的中心——美國的華爾街舉足輕重的大資本家集團，却似乎還不曾發展出相對於「猶太・猶太人」的「紐約・紐約人」意識和主義，反而在亡國數千年後，建設了一個新的軍事帝國主義的以色列國家。以上這些疑問，都充分說明了：當爲一個主觀的政治偏見服務時，被惡用的歷史唯物論，是多麼幼稚、可笑。至若說臺灣社會的矛盾，是「中國人」民族對「臺灣人」民族的殖民壓迫和剝削，則只要看看組織在資本主義臺灣社會的所謂「中國人」與「臺灣人」之間的關係，絕不是所謂「中國人＝支配民族＝支配階級」對「臺灣人＝被支配民族＝被壓迫、剝削階級」的關係，一如過去日本人之對於臺灣人或朝鮮人，或英國人之對於印度人，就十分明白了。

儘管是這樣，我們仍不能說那是一種「空想的臺灣人主義」。不，至少只對於那些人而言，「臺灣・臺灣人」意識，斷不是「空想」的。它有現實的，物質的，甚至島內和國際文化和政治的條件。近兩年來，筆者看見它在一小撮輕狂的小布爾喬亞知識分子中蔓延，並且自始帶着一種令人傷痛的、落後的反華意識，發展到對於參與和堅定支持黨外民主運動的外省人，也毫不顧及起碼的禮貌，可以當面對人任意識刺和挑激的地步。這其實已不只是思想上的幼稚，也是政治上的嚴重小兒病了。

## 國共雙方的錯誤

然而也就在這一份幼稚上，它就益爲可同情的。「臺灣・臺灣人」主義的錯誤，不應該僅僅由那些少數人去負責。全體中國人都有一份責任。從戰後三十年的歷史看來，對待在因日本殖民主義而歪扭的歷史中生活的臺灣人民，無可諱言，國共雙方都犯了十分嚴重的政治上的錯誤（臺灣音樂家江文也的遭遇，只是中共在這方面的錯誤的一個小小的例子而已）。而在這個錯誤上，存在着右的和左的臺灣分離主義發生的基礎。一切對分離主義的批判，不能不在這個投影於全民族的良識上的歷史錯誤之前，心存哀矜的傷痛。

而如果把這一份哀矜與傷痛，向着更寬濶的歷史視野擴大，歷代政治權力自然在巨視中變得微小，從而，一個經數千年的年代，經過億萬中國人民所建造的、文化的、歷史的中國向我們顯現。民族主義，是這樣的中國和中國人的自覺意識；是爭取這樣的中國和中國人之向上、進步、發展、團結與和平；是努力使這樣的中國和中國人對世界與他民族的和平、發展和進步做出應有的貢獻的這種意識。而這一切，必須先要有一個自由的、民主的、民族團結的環境。以無數慘痛的代價，越來越多的兩岸中國人民體悟到這迫切的需要，並願爲中國的自由、民主和民族團結而奮鬥。

## 無關乎國民黨的「失敗」

侯德健背着他的吉他悄然走進了大陸。但這絕無關乎中共的「勝利」，更無關國民黨的「失敗」。他只不過是去看一看長久奔流在他的血液中的，在夢中神遊並且傾聽其澎湃和洶湧，經數千年歷史和文化所形成的父祖之國罷了。任何統戰腔調，任何指責其叛變之指控，都是對於自然的民族主義情感的羞辱。然而，單獨的、個人的神洲暢遊，畢竟不若長留在兩岸，爲中國的自由、民主和民族團結做一點一滴的，長時期的，認眞、忍耐和嚴肅的努力，來得對苦難的民族有意義吧。

（原載一九八四年六月「前進」週刊第十二期）

# 試論陳映眞的「中國結」

## ——「父祖之國」如何奔流於新生的血液中？

●蔡義敏

陳映眞先生在第十二期『前進』上，發表「向着更寬廣的歷史視野……」。在該文中，他認爲侯德健去中國大陸「只不過是去看一看長久奔流在他的血液中的，在夢中神遊並且傾聽其澎湃和洶湧，經數千年歷史和文化所形成的父祖之國罷了。」他的這一段話非常令人費解。「父祖之國」到底如何而能長久奔流於一個人的血液之中？概念、情感、渴念等都可勉強說是可以奔流於一個人的血液之中，但一個「國」，一個「父祖之國」，怎麼可能如此？

如果說，侯德健會不時在其夢中神遊那個父祖之國，如果說他渴望在現實中實現其神遊的願望，如果說他忠實於他自己的渴想與情懷，逮到機會，不顧一切，包括不顧他在相當程度上明白：他所要踏入的那個父祖之國與他想望中的父祖之國是有相當大的距離的這一類事實，如果說他非常渴念要去看看、要去學習、要去收集資料，有機會就去了，這倒是比較容易理解的。

## 何謂「自然的民族主義」？

我相信：任何從小在臺灣地區接受中華民國的民族精神教育長大的人，沒有過這類渴念與想望的，是少之又少。國民黨的教育體系可以受到很多的批評，但是，在其教育體系下成長的人，都對中國大陸那片山河懷有深切的情懷，這一點是沒有什麼好批評的。

侯德健在此種教育體系下成長，寫出「龍的傳人」那樣的歌曲，然後到中國大陸去看望他心目中的「龍的故鄉」，是一點都不難理解的。但是，把這種在特定的歷史地理時空之中，特定的教育理念灌輸之下，所產生出來的想法與做法，解釋爲是「自然的民族主義」的表現，則不無討論的餘地。

楊祖珺在第十一期『前進』中，寫了這樣一段話：「說的更嚴格點，『龍的傳人』只是侯德健在學時代，輾轉反側深思不解的中國，『龍的傳人』是他揣測、希望、擔憂中的中國。」這種在學生時代的想法與感懷，毫無疑問是深深的烙印上了在教育體系下被灌輸的種種理念的痕跡的，這些想法與感懷是有待時間的考驗、是有待更深一層的反省與沉思，之後才能算是其深信不移的理念與情懷。侯德健在決定踏上他所渴想的父祖之國之前的想法與情懷，是否還是表現於「龍的傳人」中的想法與情懷，我們不得而知。我們確知的是，他肯對他的「龍的傳人」歌詞被更改表示不滿，是不是他的想法有些改變了呢？目前只得存疑。

## 歷史視野只是今人的視野

陳映眞說他被「龍的傳人」的歌曲中的辭句和形象所深深的吸引，沉睡着的內心深處的民族情感被深深的引動了。他又斷言，該歌曲的風行一時和自然的民族主義情感有關。他並義正嚴詞的寫下：「任何統戰腔調、任何指責其叛變之指控，都是對於自然的民族主義情感的羞辱。」他大約預感到，統戰腔調與叛變之指控是免不了要出現的，並對之表達了他的嚴正抗議。這項抗議是提得再好也沒有了。

不幸的是，證之往例，我們可以斷言，這個「自然的民族主義情感」是逃不過被羞辱的命運的。統戰腔調終將不絕於耳，叛變之指控也會紛至沓來。除非奇蹟出現，果陀現身，將來事情的發展是要朝着那條路上勇往直前的。

因此，陳映眞文章的題目所想望的「向着更寬廣的歷史視野……」，是難以出現的，是會在統戰腔調與叛變指控交響樂的轟轟隆隆聲中，弄得一片模糊、面目全非的。歷史自己並沒有長眼睛，歷史視野只能是在特定的歷史條件中存活的人的視野。

## 「臺灣・臺灣人意識」眞的狹窄幼稚？

「向着更寬廣的歷史視野……」一文，除了藉評論侯德健事件（侯德健去中國大陸，是個事件，這一點是毫無疑義的。他去中國大陸是光明正大去的，絕對不是『前進』封面上的「潛赴大陸」；他去中國大陸，香港的新聞機構拍照片、發新聞，也不是陳映眞筆下的「背着他的吉他悄然走進了大陸」那樣的孤單、那樣的浪漫。即使他有意悄然而去，搞統戰的機關也由不得他那麼悄然。）來展現陳映眞所想望的歷史視野的一些形貌之外，還用五分之二的篇幅來批評另外一種歷史視野。

受批評的那個歷史視野，陳映眞稱之爲「臺灣・臺灣人意識」。相對於他心目中的那個歷史視野而言，無疑的，「臺灣・臺灣人意識」的歷史視野是被看做是狹窄非常的吧。

一個對於所有民族的情感、特別是處於相對的被強力壓抑的種種民族主義，向來懷有那麼深重的纏綿情懷，一個特別是對着文化的、歷史的中國有着如此熱切的渴思與殷望的人道主義者，居然奢對一個在一特定的地區生生息息三百多年，身不由己的飽受種種歷史哀謔劇串演捉弄連環不絕的一羣漢人之中，自然的衍生發展出來的，已經再也難以勉強套用沉浮於統戰宣傳與叛變指控之間的理念與情懷來加以圓滿詮釋的意識——也就是理念與情懷——會如此的顯現出其粗暴的決絕反對之意的形貌，實在是十分令人困惑迷惘的事情。

## 「反革命意識」——多麽嚴重的指控！

用「粗暴的決絕反對之意」來形容「向着更寬廣的歷史視野……」，也許不少人會覺得是言重了一些。然而，當我們看到陳映眞他把他所說的「臺灣・臺灣人意識」形容爲是幼稚可笑的惡用歷史唯物論來爲一個主觀的政治偏見服務時，當我們看到他把被「臺灣・臺灣人意識」蔓延到的一小撮小布爾喬亞知識分子視爲輕狂時，當我們看到他把「小布爾喬亞」當做咒罵的語詞使用時，我們免不了感到相當的驚奇與訝異；而當他更進一步的論斷「臺灣・臺灣人意識」蔓延所及的輕狂者，自始帶着一種令人傷痛的、落後的反華意識——反華意識是多麼嚴重的一項指控啊！——之時，事實上也就只能用「粗暴」來形容陳映真的諸種反對之意了。

一位寫出「哦，蘇珊娜」，寫出「六月裏的玫瑰花」的第一流寫作者，在近兩年來的著作中，談到有關民族主義的問題時，總給人覺得有點隔閡、有些說不上來的不適暢，現在讀了「向着更寬廣的歷史視野……」，我終於明白其中的原因了。這個原因就是陳映真在有關民族主義的問題上具有明確的雙重標準。一方面，他對一種文化的、歷史的民族主義——其實，嚴格的說，用「民族主義」來指稱涵蓋那些通常涵蓋在該名詞之中的史實、情懷與傳說，其確切性是不無疑義的——懷抱並表現極深厚的憂慮與期待，其殷切之情非常感人；更感人的是陳映眞不時把對該種民族主義的殷念與關懷擴及世界各地受過壓迫或正在受壓迫的人民身上，特別是第三世界人民身上。然而，他却在另一方面，對着一千數百萬人的相當自然的、在眞實血肉的歷史過程之中衍生出來的理念與想法，視爲只是一個並不美麗的歷史錯誤，視爲是受扭曲的東西，這就有些雙重標準的嫌疑了。不過，若果是僅止於此，也還不能嚴格的說是雙重標準的。最嚴重的是，他心目中把他所說的「臺灣．臺灣人意識」看做是必然一定是敵對於他所殷切熱愛的「文化的、歷史的中國」，把兩者看成是不能並存的事物，這就是令人惋惜懼怕的雙重標準了。

## 以色列的民族主義問題

陳映眞文中曾提及猶太人的民族意識，並用「新的軍事帝國主義國家」來描述以色列。且將把以色列描述爲軍事帝國主義這種顯明的政治偏見放下不談，我們來簡單討論一下與以色列建國有關的民族主義的問題。猶太民族主義無疑是以色列建國最重要的因素之一。然而，建國三十幾年以來，在以色列國境內現實存在的以色列民族主義已不能完全等同於還散居於世界各地的猶太人的猶太民族主義了。兩者之間不能等同、不能視爲一物，並不意味兩者一定要對立、不能並存，因爲事實上兩者是並存的，兩者且是親密相聯、互相扶持的。當然，在猶太人心目中，欲兩者非等同爲一不可，並對任何持反對保留意見者視同寇仇的，還是大有人在。所幸的是，這些人通常並不能用強迫力量來遂行其主張，只能斷斷續續的演出一些個人的與家族性的悲劇。

## 畫家的故事

一年多以前，在以色列自殺死亡的一個七十歲的畫家是這類悲劇的一個好例子。他名叫耶飛姆・拉笛然斯基（Yefim Ladyzhensky），在蘇聯港市奧得薩出生。拉笛然斯基原來在莫斯科以畫劇場佈景爲職業。生活工作之餘，他把生命投入爲他的靈魂工作，他畫他童年時期黑海邊奧得薩港市的景色，用鮮烈艷富的色彩來爲他記憶中的、童年的猶太人社區的景象與人物造像，他也從猶太作家的作品中找主題來作畫，這些作品，在口口聲聲大言不慚的嚷叫民族平等民族解放的蘇聯，全都不准公開展出，理由自然和拉笛然斯基作品中的猶太民族意識有關。

不准展出歸不准展出，奔流在畫家拉笛然斯基血液中的猶太民族的情懷，還是驅策着他去不停的努力工作。等到猶太人建立了以色列國以後，他的猶太民族情懷一定得到了相當大的安慰，他心中一定昇起過希望和喜悅，他想，只要他能去以色列，去到他每夜輾轉反側的父祖之國，他的渴念與想望也就得到了歸宿，他的辛勤勞作的成果也必然受到珍惜與重視。

在一九七八年，也就是他六十六歲的時候，拉笛然斯基終於得以進入他的父祖之國，並生活工作於其中。到了以色列國以後，他開了幾次畫展，但拒絕賣畫。他認爲把他心血凝聚所繪出的表達猶太人意識的畫做爲商品標價出售是件可恥的事，他不屑做，也不准別人幫他做。

但以色列國令他不屑的地方還不僅只是把藝術當做商品，最使他煩憂無法自處的是，他覺得以色列並不歡迎他，並不重視他的猶太民族意識在藝術上的種種呈現，他覺得以色列這個國家是反猶太的（ant-remitic）、是粗鄙的。一個猶太民族意識強烈的藝術家，到了以猶太民族意識爲其立國基石的以色列國，却深覺兩個國都是反猶太的，這就値得深思了。這就是以色列民族主義是不能等同於歷史的、文化的猶太民族主義的明證。

一九八二年二月到三月間，拉笛然斯基公開舉行他生前最後一次畫展。展出的作品中有兩幅巨幅的近作，是他到他的父祖之國後的作品。其中一幅畫着巨型的蘇聯五角紅星，背景是克里姆林宮的紅褐色的牆壁，在紅星的五角尖端各掛吊索一條，索上吊着拉笛然斯基自己的頭像，每一頭像上打上一個粗黑大×。另外一幅畫着巨型的藍色的「六角大衞星」（猶太人的傳統象徵之一，以色列國旗上的圖案），背景是哭牆，大衞星上掛有吊索一條，索上吊著藝術家自己的人頭，臉上打一個大×。

展覽結束後不久，拉笛然斯基一如平常的，在破曉時分去到他的畫室。然而那天他不是去畫畫，他去上吊自殺。

拉笛然斯基爲了現實的以色列民族主義，並不等同於他自己渴念懷想的猶太民族主義，終於演出了他個人的悲劇。在畫展末期，他使以色列藝術界很多人都深覺不快，因爲他所不斷的執迷強調的那些猶太意識爲主題的東西，根本已爲大家視爲理所當然，不用陳述了。當別人向他表示那些事物已不値得重覆陳說之時，他一定是大不以爲然，甚至視其爲反叛，不然他也不致走上吊頸自盡的路吧。

歷史的、文化的猶太民族意識在不同的歷史時空中有各種不同的展現樣貌，以色列國三十多年來的成就與罪惡只是其中的一種，並不就是猶太民族意識的唯一面相。在這種意義下，要說主要以居住紐約為主的美國猶太人有其自己的，並不是等同於以色列國的猶太主義與意識，應該是不會過分背離事實吧。

## 巴勒斯坦人的民族意識

討論了以色列民族主義與猶太民族意識之後，不妨討論一下和以色列建國息息相關的巴勒斯坦人的民族意識，這樣應該是可以把問題說更清楚一些的。

在以色列建國以前，居住在巴勒斯坦的阿拉伯人並沒有明確的、有政治想望的、有別於阿拉伯大民族主義的意識。以色列國首任總理梅爾夫人有句名言說：「根本沒有什麼巴勒斯坦民族。」把巴勒斯坦人民當成和約旦王國的人民沒有什麼不同。然而以色列立國三十多年下來，本來並不存在──至少沒有意識的存在過的巴勒斯坦民族，已經事實存在，連以色列人也不得不承認其存在了。巴勒斯坦人民有自己的、有別於大阿拉伯民族主義的意識，不論其產生的過程與因緣如何，在目前以及可見的將來，已是一件不容否認的事實，這點該不會有什麼可爭議的吧。而這個巴勒斯坦民族意識並不和阿拉伯民族意識，並不和有過光榮的、偉大的、光輝的歷史的文化上、歷史上的阿拉伯民族意識勢不兩立、敵視對立，這也該是不會有什麼可以爭議的吧。

## 屈原謳歌的民族與深愛的國邦

民族意識與愛國情操，本來就是歷史過程的產物。剛過完不久的五月節所紀念的屈原，他的感懷對象，他的愛國情操之所寄，是一個後來被呑滅、在歷史中被迫等同劃一掉了的國家。屈原是文化的、歷史的中國所產生的偉大的愛國民族詩人之一，這是公論，然而他所謳歌的民族，他所深愛的國邦，斷然不能等於秦始皇呑六國以後的那個中國，也是史實。

一個文化的、歷史的事物是不一定要和一個特定時空中展現出來的實存的意識和理念和事物相對，以致於一定要被視爲勢不兩立的。文化的、歷史的中國曾以多種不同的樣貌存在於中國大地上，甚至也曾存在於中國大陸以外的大地。我們今日展讀歷史，該恨的是那些千篇一律的東西太多，光采多樣的東西太少，受了太多的劃一意識的壓迫扭曲。

從這樣的論點，從此種的歷史視野再來觀看陳映眞對他所說的「臺灣・臺灣人意識」的評語，我們就不得不驚奇，不得不訝異了。不論此種意識在少數一些人的身上所展現的，竟是如何的狹窄，竟是如何的小布爾喬亞式的輕狂，也終究不能、不會、不可能和令人傷痛的、落後的反華意識等同起來吧。做此等指控，終歸是粗暴異常的吧。

## 就數典忘祖好了！

如果竟然在持有「臺灣．臺灣人意識」的輕狂的小布爾喬知識分子中間，有人會表示：「你硬要說我的想法是背叛，是數典忘祖，硬是非如此說不可，那就背叛、就數典忘祖好了。」相信許南村先生稱之爲「典型的市鎮小布爾喬亞知識分子」的陳映眞，應該是完全可以深切明白此等言語背後的衷懷。

然而眞正令人困惑、令人憂慮的是：爲什麼顯然具有「苟得其情，則哀矜而勿喜」的心懷的陳映眞，因何在這個問題上顯現出如此明顯的盲點，以致在對待「臺灣．臺灣人意識」上面如此的隔閡，如此的聽若罔聞，視而不見一至於此！

他在看待此一事物之時，顯現盲點，這可由他文章中另一段話做佐證。陳映眞寫道：「『臺灣．臺灣人主義』的錯誤，不應該僅僅由那些少數人去負責。全體中國人都有一份責任。」他所說的全體中國人，不知是否包括散居世界各地的華裔在內，但顯然是包括生活在中國大陸的所有中國人在內的。令人不解的是，一個在一九七〇年出生於齊齊哈爾市或出生於解縣的中國少年，如何對陳映眞所說的錯誤負責呢？要負些什麼責任呢？如此的打高空，不嫌太過矯情了嗎？矯情一至於此，要說不是有某種盲點存於其歷史視野之中，又如何能得到解釋呢？

## 「中國結」

這個心靈慧眼之中的盲點，無以名之，就稱之爲「中國結」。雖然在「向着更寬廣的歷史視野……」之中，陳映眞也說要把歷史的、文化的中國和任何時起時落的特定政治權力區分開來，然而當他一旦面對此種顯現在特定歷史地理時空的某種具體現象之時，他竟就陷在「龍的傳人」這個樣子的歌曲的辭句和心態所構成的結裏面去了，甚至於認爲這種在學時代的、或許其作者本人早已有所重新省思增減了的辭句，讚稱爲「整體地唱出了深遠、複雜的文化和歷史上一切有關中國的概念和情感」。若果一切有關中國的概念和情感，竟然被如此輕而易舉的唱了出來，是一個篤定的事實的話，那麼這些概念和情感不免有些失之貧乏了吧。

侯德健已去，造成心靈慧眼之中的盲點的中國結，是該到了可以解開來檢視一番的時候了吧。我所尊敬的寫了「將軍族」的陳映眞先生啊，讓我們一起來仔細的聽聽羅大佑在唱些什麼吧。

（原載一九八四年六月「前進」週刊第十三期）

# 「中國結」與「台灣結」

●陳元

『前進』上（十二）期，以封面故事系列報導了「龍的傳人」侯德健赴大陸進入「北京音樂學院」的消息。報導新聞之餘，有二篇並列的文章頗令人矚目，一篇是陳映眞先生的「向着更寬廣的歷史視野」，另一篇是林世民先生的「龍沒有穿衣服」。這顯然是二篇意識截然相反的文章，捧讀之餘，令人欽佩兩位作者對於各自的意識認同，都作了一定程度的誠實的說話。

# 兩者都有一定的禁忌

在此時此刻要談論「寬廣的歷史視野」，或直陳「龍沒有穿衣服」，都有一定的禁忌，都不能暢所欲言。而這個問題深藏在你我的心中已有多年，任何對自身所處時代與社會有一點警覺、自覺的朋友，都無法避免在這一個問題上作或多或少底思考。人們隱約地觸及，並無助於問題的澄清與解答，反而在隱約間又製造了原來該是同志之間的敵意。不該有的對立，在苦悶的島上，徒增有識之士的傷懷而已。

我們不斷地看到國民黨人迷航、投奔大陸，也看到部分的臺灣人在海外打起鮮明的臺獨旗幟，而生於斯長於斯忠於這個島上人民、前途的人們，在這認同混淆的環境裏，壓抑着情感，扭曲着理想，有的是中國結、有的是臺灣結，大家心裏打着結，卑屈地盡心盡力地做着效果有限的努力。我們的耳根也充塞着國民黨「中共非中國」的政治邏輯，無奈地欣賞「三民主義統一中國」的宣傳，而我們的子弟從小學到大學，在課堂讀着一千一百餘萬平方公里的中國地理、和上下五千年的中國歷史，教室裏掛着全世界最落伍的世界地圖，上面的中國仍然是一片完整無缺的秋海棠。國民黨出版的「中華民國年鑑」，長江黃河與不成比例的曾文溪、大肚溪並舉在「我國的河川」；國民黨出版的「匪情年報」，說明我國人口是四億六千萬，所有的矛盾、所有的荒謬，在「光復大陸」的口號下，在「叛亂團體」的譴責下，有了解釋，得到統一。

光復大陸設計委員會的老人們，可以乘坐寬敞的黑色轎車，出入重慶南路的紅色辦公室；莫名其妙的法統老人，可以高踞國會山莊，舉手否決人民的權益，而人民能怎樣？

反而，人民在當局的整肅、矛盾、謊言的壓制和宣傳下，也部分地自我矛盾起來，陷入和執政者的認同混淆的困境一樣，人民也就各懷各種程度的中國結或臺灣結。

## 島內外人士的意識型態

在政治包袱之下，在歷史包袱之下，島內外人士意識型態紛立，政治見解流變，影響所及，執政者振振有辭劃人記號；島外的臺灣人政治團體各立門戶傾軋無已；島內的民主人士則隱約分派不相爲謀。

任何有良心的、關心臺灣民主前途、關心臺灣國際地位的朋友，都不會樂見在國民黨強大的壓制與牢獄的恐怖下，臺灣走上民主化之前，在臺灣的國際人格明朗之前，黨外自己發生意識型態上的、或者戰略路線上的分裂，更不忍見出現狹隘的、無知的攻訐。

在這一、二年來，黨外已初備自我檢討的能力，但在批評妥協路線之餘，意識形態互左的暗流，應是更爲重要、更爲根本、影響更爲深遠的課題。誠然，在當前的政治情境下，我們不可能有機會，深入澈底地公開討論、辯論這個課題。

而事實上，當黨外運動奮鬪到今天的階段，黨外也還沒有餘暇和能力，去爲臺灣黨外現有和應有的意識型態，做較全面、深入、客觀的哲學與歷史學上的研討。在黨外領袖忙不迭地從事於政治運動的時候；在體制內的教育與國民黨把持下的學術根本無法從事建立公正眞實、忠於臺灣本土性、符合黨外理念的人文知識系統的現在，可以說，黨外還沒有一套自己的文化觀、歷史觀，以有別於執政者故意漠視、歪曲、增損的臺灣文化和臺灣歷史。

到底，我們要怎樣地來寫我們的臺灣史？從三國時代寫起呢？從世界大殖民的時代寫起呢？還是從戰後光復寫起？我們又如何來寫我們的政治社會史？少數民族如何對待？番漢數百年血淚斑斑的恩怨如何公正地交代？清廷統治是不是異族統治？眞的，今天即使我們多麼地不滿體制內的人文教育，我們也無以教我們的子弟。我們能讓我們的子弟，也去從禁書、從選舉來瞭解臺灣、愛臺灣嗎？我們認同黨外在現階段政治上的努力之外，也期許黨外在逐漸茁壯的未來有更多的人才投入，去推動另一次臺灣的文化啓蒙運動，從知識，而不是從一知半解得來的民族情感、或現實的政治利益，去釐清意識型態的問題。

「中國結」與「臺灣結」

可以預見，在陳、林二篇文章之後，這個「中國結」、「臺灣結」的問題，在當前的環境下，會受到有限度的討論。也可以預見，這種討論，也許只能暴露問題。謹祈望這種討論不會增煽任何一方的情緒，而有助於黨外運動的更團結與再開展。

（原載一九八四年六月「前進」週刊第十三期）

# 我的中國是台灣！

●梁景峯

『前進』週刊在第十一期、第十二期共用了二十頁的篇幅來報導和評論侯德健去大陸一事，而且第十二期還以此作封面故事，獨家報導。也許『前進』有特殊的理由來大作文章，但以「新聞刊物」而言，以二十頁來處理這個新聞，已經變成了吹氣球的新聞風。

民主的心態應是看重每一個人，而不是特別寄望那一個人或那些人。因此我們應當尊重每一個人旅遊、遷居以及政治歸屬的權利，相對來說，我們不必爲某人的去向而受震驚、悲傷。

侯德健去大陸是他個人的事，並不是如何不得了的大新聞，我們的民歌界並不是就沒望了，國民黨也不見得就因此喪失龍的傳人。臺灣、大陸、世界有很多新聞比不上「侯德健去大陸」重要嗎？我仔細聽過「龍的傳人」，我也覺得詞曲有其優點。不過我沒有「胸中喉裏，竟梗着一股酸熱」，也沒有「心中呼叫起來」。我認爲龍是鬼神的誘惑，帝王統治的遺毒。中國人是人的傳人，每一個人都是人的傳人。

中國存在於中國每一個地方，每一個屬於中國的地方也都同樣的中國，並不是只有中原、神州、黃河、長江才特別中國。口頭的民族主義者說中國的時候，便是夢裏神遊長江黃河，而不睜眼看看眼前脚下的中國。難道越遙遠的就越中國嗎？

如果中國各地的中國人不能認同他們生活所在的中國，而只仰望天邊的中國，那中國不會有希望！因此，我要說，我的中國是臺灣，然後才能談大陸的中國！只有認同生存所在的人才可能是民族主義者；而不認同生存所在，不能把臺灣視爲中國，不能把臺灣人當同胞的人也絕不是愛國者！

（原載一九八四年六月「前進」週刊第十三期）

# 爲了民族的團結與和平

●陳映眞

正杰、祖珺：

謝謝你們把蔡義敏先生的大文「『父祖之國』如何奔流於新生的血液之中？」影本送來。

從朋友的電話中聽說你們把拙文「向着更寬廣的歷史視野……」登出來，我眞是大喫一驚。那天深夜文章寫好，我就覺得這篇文章無論如何不應該發表。我把那種心情寫在附在稿子上的短箋中給了你們。我交了文章，只表示我沒有爽約。在短箋中，我曾叮嚀你們千萬不要發表。但如今既然發表了，一切責任仍應由我完全負起，而且，我十分樂意負起這個責任。

## 所謂「臺灣民族主義論」

你們說，這篇文章很可能引起一場廣泛的論戰。這原是一件好事。被少數一些人詮釋成爲「中國人」民族與「臺灣人」民族的矛盾的臺灣地區內部的省籍矛盾，實在應該有一個自由的環境，進行公開而深入的討論。所謂「臺灣民族主義論」，牽涉到廣泛的歷史哲學、臺灣史、臺灣社會史和對於臺灣的政治經濟學的分析和評估。由左翼臺灣分離主義、非國民黨民族主義和國民黨等三個不同的意識型態，進行學問的辯論，是解決所謂省籍問題的最好的方法。事實已經證明：不准別人還嘴的，「臺灣人和大陸人都是中國人，只差先來後到」論，「國民黨和大陸人民八年抗戰，解救了臺灣同胞於日帝倒懸，臺灣同胞應感謝德政」論和「臺灣沒有政治上的歧視。重要權利握於大陸人手中，是因爲大陸人比本省人更有行政經驗」論這些官式的宣傳，早已經破產。如果國民黨硬是不肯實事求是去面對這個由歷史積累下來的歷史問題，一味使用高壓禁止公開討論，則這個原本可以在一定的條件下（例如公開、自由、認眞的討論）解決的相對性矛盾，就會逐步在高壓、苦悶、欠缺溝通的情況下，演變成對民族團結造成重大裂痕的、無法調和的絕對性的矛盾。

但是，在目前，正如我在給你們的短箋中所說，完全沒有討論這個問題的主觀和客觀的條件。在目前情況下，任何主張臺灣人是一個「獨立的民族」的言論，都是爲國民黨所不容，甚至可以據而入罪，逮捕和判罪的言論。從而，批評「臺灣民族論」的言論，不論多麼獨立於國民黨官式意識型態，在客觀上都不免有爲國民黨作伥的嫌疑。因此，我只有婉謝參加「論戰」了。而且，這個題目既然由我「無心」間「挑」起來，則靜靜地挨人幾個拳頭，我是甘之如飴的，（其實，對於某些人特別在近一年來在這裏、那裏，用這樣、那樣的方式，說別人是「漢族沙文主義」、「愛國沙文主義」、「中國民族主義」，我們一直是隱忍的）。

因此，凡是因爲拙文而非打我幾拳不足以洩忿的人們，我只要說兩點：第一，要很當心自己的拳頭，免得爲他人所乘。第二，儘量寫出好文章。因爲批評不必只出於論敵的我。每一個認眞、嚴肅，有一定文化和知識素養的讀者，都是他們沉默而清明的批評者。

## 人權有保障，社會有正義

然則，我還是止不住要說一些題外的話。

希望臺灣的政治有眞實的民主和自由，人權有保障，社會有正義，是絕大多數在臺灣的本省人、大陸人共同一致的願望。黨外諸君子，不論經由民選而已晉身於公職的，或者生氣蓬勃的黨外雜誌中的俊秀，爲了他們艱苦和勇敢的工作，長年來深得這些渴望臺灣更爲進步、更有民主和自由的人們的尊敬和感謝。

但是，爲什麼凡是要臺灣更自由、更民主，更有社會正義的人，就非說自己不是中國人不可呢？爲什麼支持和敬愛黨外民主運動的外省人，到頭來只落得一個「有良心的中國人」，「進步的中國人」的「名義」，和那些自稱爲「臺灣民族」的人隔着一道永不可團結的鴻溝呢？爲什麼「國民黨的教育」敎給我們以中國人爲榮，以中國的山川爲美，以中國的瓜分爲悲忿，一定是可恥、可笑呢？難道當「國民黨的教育」敎我們的一些科學知識也應一概加以否定嗎？爲什麼大陸人就一定沒有資格去愛臺灣呢？那些對臺灣的每一種草木都能直呼其名，大聲、流淚抗議臺灣生態的破壞的人們之中，不是也有許多大陸人嗎？在政治監獄中，在無情的社會的最低層，不是同時有本省人和大陸人呻吟之聲嗎？大批大批冷血地辭退工人，仗着政治力量欺負工人的，不也有許許多多本省人嗎？（當然，他們會簡單地說，那是「買辦臺灣人」！）爲什麼在現實生活上相互友愛、相互幫助的青年中，要硬生生地分成「中國人」和「臺灣人」？爲什麼在長期婚姻關係中建立起來的岳父母、媳婦女婿、姊夫妹夫、嫂嫂弟媳、侄兒姪女、阿公阿嬤、外公外婆……這些親屬情感中，非要用「中國人」、「臺灣人」加以分割呢？爲什麼凡是自然地以自己爲中國人，並以此爲榮的人，黨外民主運動都不能容納？

讓我們平靜地想一想。想了之後，如果認爲一切在臺灣的正直的、追求民主、自由和社會公平的人之間，不應該、不能夠分成對立的「中國人」和「臺灣人」，那麼讓我們在內心深處堅定地說「不！」，並且讓我們在國民黨和「臺灣民族派」者之外，堅定地、自動地藉着坦誠的溝通、討論，藉着同胞手足之情，發展有意識的民族團結與和平的運動。

## 堅決反對破壞人民團結

讓一切追求民主、自由與進步的本省人和大陸人有更大的愛心、更大的智慧，互相擁抱，堅決反對來自國民黨和左的、右的臺灣分離論者破壞人民的民族團結。尤其是和上一代的仇怨無涉的、新一代的青年、知識份子，更要獨立地思想和相互探討，然後同時學好同樣優美和豐富的普通話和臺灣話，廣泛地到臺灣的每一個角落，看一看這一塊美好的土地，去接觸這麼善良的人民，堅定、和平地發展出一個人民的、獨立於國民黨和「臺灣民族」派的民族團結運動。

讓我們懷着同情和一份憂傷，嚴肅、認眞地去硏究和討論一切「臺灣民族」論，讓我們平靜地、科學地找出眞相和事物的眞理，讓我們絕不對不承認自己是中國人的同胞，隨便指責他們「數典忘祖」、「沒有國家民族觀念」。讓我們深刻認識到，這於歷史中僅爲一時的臺灣分離主義，其實是中國近代史上黑暗的政治和國際帝國主義所生下來的異胎。讓一切自己承認是中國人的人們，懷着深刻的悔疚，用最深的愛和忍耐，堅定不移地爲反對在人民中製造仇恨與分裂，爲增強民族內部的團結與和平，在各自的生活中做出永遠不知疲倦的努力。

這種憂慮和認識，其實應該很廣泛地存在於深切關心黨外民主運動的本省人和大陸人的心中。那麼，從現在開始，讓我們認眞地、光明磊落地把這個關切表現出來。因爲客觀的政治環境不容許公開探討這個問題，讓我們開始在私下展開討論。一切酷愛進步、自由、民主的大陸人和本省人之間，應該超越現有的政治禁忌，在每一個人的私下生活範圍內，自己展開民族內部的溝通與對話，並且經由這個溝通與對話，展開中國人民自己的民族和平與民族團結的、長期性的運動。祝你們進步！並且預祝批評拙文的文章中有眞正的好文章，開我閉塞。

映　真

六月十八日

（原載一九八四年七月「前進」週刊第十四期）

# 從移民的台灣史試解「中國結」與「台灣結」

●陳元

臺灣和中國大陸自古即來往密切，其族羣與人文風俗係同文同種，這是勿庸置疑的。

## 臺灣是一個移民社區

基本上，臺灣是一個漢族世代移民相成相續組合而成的「社區」。三百年前，在中國內地犯案逃落至臺灣的是移民；二百年前，內地謀生不易轉而來臺灣拓墾營生的是移民；三十多年前，帶了武器軍隊與國家機器敗退至此海島的，也不外是一批具有較強大政治軍事力量的移民。歷史也說明在移民的過程中，對原來的原住民會產生種族的矛盾；在先來者與後來者之間，會產生政治經濟社會性的利益衝突；在移民母國與新殖民地區間，由於時空推移，人們的意識發生變化，也會發生分離獨立的爭執。殺戮、壓迫、反抗、妥協，這些，都是一個移民社區生命過程中，不能免疫的病癥。

而許久以來以至現在，我們對於歷史事實與現存意識，都看到了十足怪異的現象。有被西德明鏡週刋稱爲幻想的「光復大陸」說；有「三民主義統一中國」的空泛口號；有海外臺灣人五光十色的臺獨運動；有高山族平埔族才是臺灣人民族的異色之論。在被國民黨長期壓抑、無法眞正提出問題公開討論的環境裏，也才有『前進』週刋上，說着「一個經數千年的年代，經過億萬中國人民所建造的、文化的、歷史的中國向我們顯現。」和還以「我們可以斷言，他在大陸可以找到的，只是沒有生命的長江，只是沒有生命的黃河，只是沒有生命的山川與古墓」，復還以「我們可以斷言，這個『自然的民族主義情感』是逃不過被羞辱的命運的。」這樣南轅北轍的中國結、臺灣結問題。

在現今這樣的環境氣壓下，我們能斷言什麼呢？我們只不過在互拋「空想」的「斷言」罷！

在一羣海盜後裔移民造就成功的美國，北美洲的移民們已經享受了二百年的繁榮富裕和民主；在一羣同樣是中國移民造就成功的新加坡共和國，一方面可以爲白人世界大英國協的會員，一方面可以毫無包袱、眞正自然地，由李光耀政府公開提倡孔儒之學，編撰教本列入課程。我們自幼在校熟讀孔孟的臺灣中國人，反而栖栖遑遑，文化和政治都發生嚴重認同危機。

## 移民衝突轉化

從整個臺灣近代史看來，若略去異民族的殖民時期不談，嚴重的意識衝突是這三十餘年來才有的，是大陸撤退的移民拿着槍桿帶着黃金和國家機器來到臺灣才有的。一時之間，移民衝突轉化爲省籍問題、成統治者與被統治者的問題、成所謂共匪與臺獨分歧份子的荒謬。自私與偏見，不平與憤懣，把這裏的人激盪成一羣具有現實上實際、理想上空想性格的族羣，而成爲移民者美國的附庸，而成爲移民者新加坡國的羨慕者。

也許人民可以同情可以瞭解中國結臺灣結的兩方，但或許經濟認同較一致的同胞們，沒有餘暇欣賞、也不會同意爲時過早的斷言罷！在長期壓抑下自然成長的憤懣與幻想，也暫時會遮蔽了人們的正確、客觀。這個問題，唯一可以斷言的是，需要開放的環境、一定的時間去討論，才能解決我們臺灣中國人的認同危機。與其不着邊際地去談，我們不如實際地開始着手一點有益的、遲早要做的工作；去爲建立一個忠於臺灣人民、土地的人文知識系統，及符合此地大多數人民意願，經過討論思考有其客觀正確性的意識型態，做一點打椿的工作。我們不能等法統老人氣數盡的時候，自己也變成一個國際常識錯誤、歷史知識無知、瞠乎新加坡人之後的次等公民。

政治禁忌的範圍內我們無法暢所欲言，那我們就從可以公開討論的部份做起吧。我們可以整理一九四五年以前的臺灣史，可以研究臺灣移民史，移民社會的成型和變遷，我們能做的其實很多呢！我們空着該做的不做，却和國民黨一般見識，徒然成爲「空想」的推波助瀾者。臺灣的子弟啊，嗑興乎來！

底下且以一段初淺的讀書心得，作爲一個非空想者的抛磚引玉的小引。

## 乞丐趕廟公的移民模式

臺灣史的歷史學分期，也許可以這樣分：

(1)原住民時期：包括遠古、中世史

(2)漢人移民初期：明鄭以前

(3)漢人移民後期：清初至甲午割臺

(4)日據時期：甲午至一九四五年

(5)國民黨時期：一九四五年至現在

其中，在移民初期，臺灣是「賊窟」，是明史上說的：「今欲靖寇氛，非虛其窟不可，其窟誰何？臺灣是也！」。那是一個荒涼而粗獷的拓墾初期。

移民後期，則是臺灣史的最重要時代，因爲在這個時代，大批內地漢人移殖到這裏，漢人的宗教社會組織在臺灣的土地上萌芽成長，臺灣從一個相對於大陸內地的邊疆環境，而進入「內地化」、進入「本土化」。臺灣的漢人社會一方面開始有了自我的形貌，另一方面由於人口壓力和生存競爭，開始大規模地刼掠土著民族的土地和資源。這一個時期，確定了臺灣近代史的主要性格，她的生產方式是水田農業，她的語言、文字、宗教、工藝、風俗習慣、社會結構是淵源於移民者老家的漢人宗教社會。

到臺灣的漢人一波又一波地從平原推向山坡下，又從山坡下推向山中的丘陵盆地，以較優越的器物和技術，驚走了平埔族和高山族，侵佔了他們的土地資源，又進而同化了沒有來得及上山的平埔族。少數民族也一波又一波地退向更高的山地。

我們若把視野集中在這一時期，便可以發現我們的祖先在辛勤拓墾的背後，事實上，是恣意地在演着移民地區所相似共有的「乞丐趕廟公」模式，後來的優越者強凌欺侮原住的落後者。而若由移民社區的觀點去看臺灣史，一部臺灣近代史便可以說是這種模式的循環變化。國民黨只不過是一羣被迫撤離大陸的新移民者，他們之中又有很多的人，不願作爲一個小島的移民者，在臺灣小駐充電使袋囊更爲飽滿之後，去做美洲大陸的移民。

## 郭百年事件的例子

清康熙二十二年（一六八三）清廷以施琅底定臺灣之後，仍然擔心臺灣漢人的叛亂，事實證明，從康熙二十二年到光緒初年的二個世紀中，依據臺灣省通志稿卷二的記錄，平均每五年就有一次漢、番抗清的事件，原住民和漢移民都不高興留着辮子的清國人管他們，就好像現在的黨外和國民黨都不喜歡穿着藍制服的中共一樣。因此，清政府一直設有番境禁令，以防漢人遁入山區形成叛亂的武力。

但是清廷的管制是鬆懈的，利益又經常是滿漢一體的，最倒霉的還是少數民族。

在臺灣的中部，埔里平原是一塊深山盆地的平原，它的開發比開發頗晚的蘭陽平原還要晚，只比臺東平原的開發早一點。漢人首次大批來到這個當時人稱之爲水沙連的埔里，是嘉慶二十年（一八一五）的事了。在此之前，生活於這個肥沃的山中平原上的是被漢人稱爲埔番和眉番的原住民族。在臺灣高山族人類學上的分類，眉番是屬於泰雅族系統，埔番屬於布農族系。

嘉慶十九年（一八一四），在番境禁令之下，彰化、嘉義二個地方的漢人郭百年、陳大用和臺灣府（臺南）門丁黃里仁，因爲聽說水沙連地區肥沃地荒，土著不事耕作，於是聯合水沙連當地的隘丁頭目黃林旺，假借名義說是當地土著希望把土地租給漢人，請求臺灣府發給墾照，隔年，臺灣府同意着令彰化縣知縣發給墾照。於是郭百年爲首帶領許多漢人從南進入水沙連，他們先侵佔三個番社，復僞稱政府官員，率領共一千多漢人來到埔番大本營「埔社」要開墾，埔番不答應，於是衝突了，開始殺戮了，武器優勢的漢人，殺死了埔番人數的一半，並且放火燒毀房舍掠奪無數，更盜掘番墓殉葬品，最後佔領整個埔社，殘餘的埔番逃到眉溪北岸。

清政府聽說了這個漢人屠殺番人的事件，派人去調查，但是被派去的調查員被買通了，回來謊報說這個事件是埔番和高山上的土著族之間的戰鬪，又說漢人曾協助埔番抵禦高山族（愈是高山愈吃虧），被殺的全是高山族。但是經過進一步調查，次年（一八一六）眞相大白了。於是逮捕審訊屠殺首謀郭百年，判處極刑，並且派出官員去水沙連，把漢人新建的城牆拆毀，把當地原有的漢人佃戶都一併全部逐出（這比國民黨審訊陳儀來得有誠意吧），在二條通往水沙連的主要道路上設立禁碑，上面刻着「嚴禁不容奸入，再入者斬」，就這樣，水沙連也回到原主人埔番的手裏！

## 被壓迫民族的自救公約

埔番在郭百年事件中，被殺掉約一半的人口。人丁少了，四周仍然羣敵環伺，北有更爲剽悍的高山族，南有剛吃其大虧未久的「狡詐無比的」漢人虎視眈眈，回到家園的埔番眞是勢單力孤惶惶終日。

這個時候，恰巧臺灣西部平原上的平埔族（漢化程度最深的原住民），經過一百餘年來與新移民漢族接觸的結果，不論在經濟上政治上都屈居下風，在自覺終非漢人之敵手時，正要尋找另一塊可以躲避漢人奴役脅迫的淨土。道光二年（一八二二）經由水社（水裏）番的介紹，埔番就邀請平埔族人遷移來埔社，一起生活防禦漢人。

翌年，當平埔族集體遷徙的前夕，共有十四個番社齊濟一堂，簽署了一份「共同聲明」，做爲大家的「共識」。這份稱爲「公議同立合約字」的文件，控訴了漢人的欺凌與不德，文件裏所表現出來的自覺性，顯示臺灣原住民族素質的優異，實不亞於後來殷殷奮戰的黨外，他們說：

各番社人民僻處臺灣，承蒙皇清之仁劃入版圖（這是不得已的官式話），所有的草徠之地給我們掌管，讓我們開墾。有時候我們人手技術不足，就招漢人佃作，他們定期給我們大租以充贍養。無如我們番民生性愚昧，易瞞易騙，而耕佃的漢人就乘機把銀錢作餌，貸放給我們同胞，於是無多久，當還不起錢的時候，田園便俱歸漢人囊中了。有的大租被漢佃侵佔，連我們的民兵（隘番）屯兵（屯番）的糧秫也短折，屯餉也有名無實，隘番、屯番枵腹赴公，繼而饑寒交迫逃散四方。……

於是我們相邀四處尋找新的家園，找到了這塊我們番界內的土地，原來是埔社番打獵捕鹿的地方，地勢平坦土地膏沃，值得開闢資生。所以聚集了大家公議，各社抽撥壯丁自備資斧，前去開墾。但是恐怕各社番丁衆志不一，彼此爭長競短，或開始勤奮繼而怠惰，於是共同議立這個合約。凡我同約番親，都要約束自己本社的番璆，努力開墾，不許侵入內山擾動生番（更高山上的土著族），不許恃强凌弱，不許招引漢人到我們處開墾，不許傭雇漢人在地經營，若有不遵，鳴衆革逐！

（以上見「南投縣沿革志稿」民國四十七年南投縣文獻委員會出版，筆者將它以白話譯寫）

## 漢移民不光采的一面

漢人屠殺了埔番，殘餘的埔番邀約也是久受漢人壓迫的平埔族進入族境。於是，自道光三年至十一年之間，平埔族大舉遷入埔里平原，加以人口增長，不久便喧賓奪主了，平埔族成爲埔里平原的「多數」，等到五、六十年後清光緒六年（一八七五）番境禁令解除，大量漢人公開地進入埔里平原時，他們所接觸到的異族，已不是埔番，而是平埔族了。

這樣看來，漢人的臺灣開拓史也有其不光采的一面，這也是大凡一個移民地區，所不能免疫的病痛。移民者的美國也是一樣，海盜後裔的美國人，屠殺、奴役、壓迫印第安土著、黑人、華工。只是，美國已成爲今天的美國，而臺灣仍然是命運多舛的臺灣。

國民黨常愛說一句話：「同舟共濟」，這句話證諸臺灣的移民同化史，是不錯的，證諸今天美國民族的大熔爐也是大致上不錯的（但美國還有陳果仁案，還有一些種族歧視的例子）。國民黨政府在臺灣若有本土化的誠意，它不該只是搞搞十大建設而已。我們或許甚至可以同情地說：家家有本難唸的經（他們却說成是：美國式民主不適合臺灣），我們原不必要求每一個家都是多麼安和樂利，每個人相處是多麼和諧圓滿，國民黨若有本土化的誠意，就不必掩飾身爲統治者的缺點過失，美國社會能有「魂斷傷膝河」的著作，能有那麼多的少數民族運動，何況我們少有種族的問題。國民黨實在應該好好地研究這塊土地的歷史！好好保育這塊土地的生態！好好瞭解這塊土地上善良人民的主流想法，瞭解人民的疾苦與需求。如果有一天，我們談論檢討二二八事件，也能像談論郭百年事件一樣公平、理性、無可顧忌，我們就會知道，意識形態的問題，歷史恩怨的問題，都不再是阻礙臺灣前進的絆脚石了！（原載一九八四年六月「前進」週刊第十三期）

戴國煇・陳映眞對談

# 「台灣人意識」「台灣民族」的虛相與眞相

●葉芸芸整理

編按：

日本立教大學史學教授戴國煇先生，臺灣桃園人，一九五四年畢業於中興大學農經系，一九六六年獲得日本東京大學農業經濟學博士。

戴先生之著作甚豐，一九七〇年在東京主持「臺灣近現代史研究會」，成果廣受美、日學界看重，其重要著作有「中國蔗糖史」、「臺灣與臺灣人」、「華僑」、「臺灣霧社蜂起事件研究與資料」等。

去年（？年）三月間，戴先生應聘到美國加州柏克萊大學，任訪問學者一年。九月二十九日，在詩人呂嘉行家中作客，與首度獲准出國的陳映真先生初次見面，在主人夫婦感情招待的熱絡氣氛中，作了一段精彩的對談。本文是根據當晚的對談整理而成。

在鄉土文學論戰、「中國結」與「臺灣結」的論戰中，陳映真先生都是浪頭上的人物。近年來，海外「臺灣民族」論者也以他為「大中國沙文主義」的象徵，不斷地激起廣泛爭議。本文從歷史文化、社會科學、國際局勢，以及臺灣政治反對運動的昨日、今日、明日等角度，探討臺灣當前的熱門話題，極為發人深省。

## 恐共是「臺灣結」的根源

**戴**：我是今春到了美國以後，才有機會讀到較多的黨外雜誌。日本的學界向來對臺灣不很重視，來往也少。

日本雖然有六萬多的「中國人」（包括已歸化日籍者），地理上也與臺灣接近，但是臺灣的「信息」却往往是透過美國、香港才傳到日本的。因而，我在日本時通常只看到部份受贈閱的黨外雜誌。來美後發現柏克萊和史丹佛兩所大學的東亞圖書館都有很多臺灣的黨外雜誌，（似乎是有意識的收藏），因此我才看到有關這次論爭前後幾篇文章。然則，我雖很努力想了解，初步印象却是看不下去。爲什麼呢？似乎大家都不敢明講，呑呑吐吐地都有禁忌。於是我乃對這個問題做了一番思考，有一些看法——表面上，大家在談論的「臺灣結」、「中國結」或「臺灣人意識」、「中國人意識」，並不是什麼學術性的問題。最重要的是目前主張「臺灣結」這部份人有一種恐懼感，恐懼的是共產黨何時要過海來？一夜之間換旗幟的事會不會發生。更恐懼國共會不會和談？在和談之中會不會被「犧牲」。而去年林正杰父親在大陸被關了廿多年後回臺的事，確實在黨外人士中間引起很大的猜忌，首先是中共爲什麼放這個人？其次國民黨爲什麼又接受呢？這都因爲他是林正杰的爸爸！葫蘆裏頭到底賣的什麼膏藥？簡直太叫人不安了。因此，這暗流中醞藏的乃是反共、恐共的心態，在這種心態下自然就忙着努力維持現狀。做爲以臺籍中產階級爲核心的改革體制的大衆媒介的黨外雜誌，帶着二二八的歷史傷痕，對大陸有抗拒的心理是可以了解的。尤其是四人幫垮台，文革的失敗都暴露出來後，對中國大陸的期待感更是茫然有失了。這當然是世界性的問題，無論對共產主義或中國共產黨有無好感，過去大家都認爲大陸好像在進行一場很大的實驗，內容雖不清楚，却普遍有一種期待感。但是後來蓋子打開來，文革的眞象似乎很慘。期待感變成了失望，剩下一條路就是主張維持臺灣現狀了。因爲國民黨的言論抑制，人權問題雖然可以批判，但推翻國府體制的話，在島內「臺獨」是不方便明講的，再者，臺籍中產階級在高度經濟成長以及中共統戰攻勢逼迫之下與國民黨也慢慢地形成利益一致。因此就以要求一千八百萬的臺灣人（或含糊的說臺灣居民）的自決來對抗中共的統一。說得通俗一點，這種心情就像是一個由鄉下到都市去求發展的普通老百姓，發跡以後過着有汽車洋房的摩登生活，就不屑與鄉下故里的窮親戚認同來往了，更何況窮親戚還具有共產主義的武裝。

因而，我認爲這次「中國結」與「臺灣結」論爭的背後暗流，乃是在國際政治關係的動盪不安中，一部份人企圖以強調承認臺灣現狀來對抗中國大陸對臺灣的影響。

## 分裂國家的困擾

**陳**：我想提出兩點，來補充戴教授精闢的分析。第一，爲什麼在其他那麼多的分裂國家中，沒有一個分裂國家的任何一方要求根本地棄絕自己民族的根源呢？我問過來參加寫作班的南韓詩人許世旭，「南韓爲什麼不主張自己建立一個共和國？」爲什麼所有看到的文獻，無論是教會、學生或反對黨，都主張祖國統一？他說，南韓「獨立」對韓國人民來說，是不可思議的。祖國的自由化、民主化與統一，是每一個韓國人民的悲願，南韓的反對派有他們自主的全韓國的觀點，總是同時批評南、北韓的不民主與不自由。並且呼籲在自由與民主的基礎上，統一祖國。據他解釋，這是有歷史原因的，韓國有中、蘇、日三個強國壓境，一個統一而強大的祖國是民族生存攸關的事情，而南韓統一意願的力量主要是來自前仆後繼的學生運動。第二，我曾經這麼想，假設共產黨和國民黨以長江爲界，長江以南地區仍爲國民黨統治，那麼臺灣的民主資產階級大概就不會有「獨立」的理念，而會與大陸的自由主義民主派資產階級結合成爲中國資產階級的政黨，而嘗試按照中國資產階級的形象去改造和建設中國。若是以長江爲界，中國資產階級會有統一中國的信心和希望，也的確還有可能吧。但是國府到了臺灣之後，這種可能性成爲泡影。大陸的資產階級力量完全被摧毀，而在六〇年代中興起的臺灣的資產階級自量絕無信心去依照自己的形象去改造中國，因此只好把範圍縮小只管臺灣，從而有臺灣獨立的理念出現。

**戴**：關於分裂國家的問題，我認爲大陸與臺灣的分裂，與南、北韓或東、西德的分裂比較，形式邏輯上雖相似，在國際權力政治中却有所不同。第一，是分裂的歷史原因不同。東、西德和南、北韓的分裂都是第二次世界大戰的後果，大陸和臺灣的分裂則是國、共內戰尚未完全解決遺留下來的局面。

第二，是大陸和臺灣被殖民地化的過程是很不一樣的，大陸始終是半殖民地，任何一個帝國主義都無力完全併吞她，臺灣却是以臺灣海峽劃線被整個割裂的。前前後後，直接或間接，臺灣受到日本的影響已有八十年，這八十年的體驗，使得臺灣的資產階級與大陸的資產階級已具有一定程度的隔閡，隔閡原是可以透過時間來彌補的。但是因爲戰後的國際關係以及國共內戰而喪失了構成「共識」的時機。演變的結果是國民黨來統治臺灣，大陸的資產階級則分散在香港、臺灣以及北美各地。

第三，是臺灣資產階級與大陸到臺灣的資產階級，雖然在六〇年代後期以來逐漸交流投資、通婚，但是因爲臺灣與大陸根本上力量的不成比例，無論人口或地理面積比例的懸殊非常大，不像東西、德或南、北韓雙方力量旗鼓相當，頂多是四、六的比例而已。這種情況下，在臺灣的資產階級，無論蔣經國怎麼鼓勵，給他們打強心針，恐怕都很難樹立起信心，都很難叫他們不往外國跑。

因此你剛才那個假設——如果長江以南給中國那個尚未充分成長的資產階級留下發展餘地，臺灣的土著資產階級和大陸的土著資產階級也許會結合成立政黨，而嘗試其民族資產階級在中國的發展——可能是太樂觀了一點。主要因爲中國資產階級不夠成熟，世界史的胎動沒有來得及提供時間，讓他們找出「生機」。

**陳**：戴教授說的一點都不錯。我剛才說的完全是一種假設，是把歷史固定在以長江爲界，也固定了這卅年。我爲什麼有這種想法？是因爲在臺灣生活中有太多的實例說明了這實在是階級的問題，而不是什麼「民族」的問題。

以「自由中國」運動爲例，在整個「自由中國」運動中，臺灣籍與大陸籍的自由思想份子、民主派聯合得非常之好，甚至推了雷震爲領導人，他們舉辦的全省巡廻演講、座談會，所受到的歡迎、雷震受到的尊敬，都是極爲熱烈感人的。後來雷震被捕入獄，像以前的五虎將楊金虎等人都還常到牢裏去看他。這就說明了在一定條件下，在共同的社會階級利益之下，臺灣人和大陸人是絕對可以合作無間的。再舉例說，賀兆雄的工會中，外省工人和本省工人是團結的。在「扶輪社」中，外省的 JOHN CHEN 與本省的 FRANK CHANG 也是團結的。

**戴**：但是國民黨政府是絕不會容許政治層上有這種情況產生的，所以雷震要坐牢，後來，余登發的案子也頗類似。

## 時不我與的焦慮感

**陳**：方才戴教授說，臺獨運動，是臺灣資產階級的政治運動，我是同意的。在臺灣，有些黨外也這麼提。時予進入七〇年代，隨着美國對華政策的根本改變，臺獨運動失去了最好的時機。美國在政策上，至少是公開裏，放棄了對臺獨的支持。時不我與，而臺灣內部的獨立蜂起似乎遙不可期，於是以「臺灣民族論」爲北美的自己和臺灣打氣。據說，民族論在北美的高潮這一兩年來已是退潮，但因臺灣內部「兩個結」的「討論」，又使他們大喜過望，於是又匆忙地祭起旗來。

事實上，臺灣民族論，除了訴諸臺灣人，也訴諸美國人。他們在參院公聽會上，向美國人苦苦說明臺灣人不是中國人，因此上海公報中說臺灣問題由兩岸中國人自己和平解決是不對的……我來美後讀到這些文件，心中有說不出來的感慨。

## 「臺灣民族論」的演進與困惑

**戴**：關於「臺灣民族論」，我們應該具體一點的分析。由廖文毅的混血「臺灣民族論」開始，臺獨就提倡「臺灣民族論」的。但是自從尼克森到過北京後，張燦鍙的臺獨聯盟系統起了很大的變化，一度曾經準備要放棄「臺灣民族論」。爲什麼呢？主要乃是廖文毅、邱永漢、辜寬敏等人，放棄臺獨運動返臺。意思就是說，他們認爲過去藉主張「臺灣民族論」來製造要求民族自決的國際輿論，以期在美國的支持下達到臺灣獨立的目的的道路是走不通了。現在主張「臺灣民族論」的則是史明和許信良等標榜「左派」的人，他們並且強烈批判「右派」資產階級的臺獨聯盟放棄了「臺灣民族論」。

舊的「臺灣民族論」——也就是臺獨聯盟的代表思潮——是非常閉鎖、排外的，不僅不接納在臺灣的外省人，甚至主張臺灣人和中國人是不同的民族。但是因爲過份閉鎖、牽強，根本行不通，而漸漸有了修正。現在的「臺灣民族論」是完全由現實出發的了，表面上不再歧視外省人，號召認同臺灣，以共同的「臺灣意識」或「臺灣人意識」對抗中共。這種變化乃是因爲資產階級的臺獨右派在極微妙的國際政治變化中，體認到他們自身與國民黨政府還有利害一致的地方，可能有携手合作以維持臺灣現狀之時。另一方面「左派」的臺獨，是藉着馬克思的語言來重新組織「臺灣民族論」，對右派的不堅定的「民族」立場有很尖銳的批評。這點在島內的黨外民主運動中要如何看待，是個非常重要的課題。

## 「臺獨保守派」和「臺獨左派」

**陳**：隨着不同的歷史時期，相應於臺獨運動在國際政治架構下的變化，所謂「臺灣民族論」也有不同的內涵。據我了解，史明這套理論很早就有，但是在當時的臺灣資產階級民主運動中並沒有市場，直到最近兩三年才在北美洲達到高峯。以我在臺灣生活的經驗，黨外運動眞正的高舉了「臺灣人」「臺灣民族」的旗幟還是最近的事情。有如陳鼓應以前說過的，臺灣的民主運動可分成兩個部份，主要的本質還是地方資產階級要求在那個政治體系下的資產階級辦公室中找個位置，而且愈是到地方上愈清楚感覺到這種情況才是主要的。過去雖然或者有個別帶有「臺獨」意識的黨外人士，但是無論他們的語言或實際民主運動的手段，「臺獨」的色彩都很淡，從未像今日黨外少數一些年輕人喧嚣的主張。然而，就像所有外來的思潮流到臺灣時經過扭曲與折扣的過程一樣，目前臺灣黨外雜誌所談論的「臺灣民族論」比起北美的同類文章，無論在濃度或深度上都顯得粗淺多了，這並不單是不敢說的問題。這種情況與您剛才所說的正好吻合，就是目前的「臺獨」仍有兩個流派，比較喧鬧、聲音聒噪的是臺獨「左派」，但是實際的「力量」恐怕並不在他們一派手上。理由很簡單，在北美的臺灣人多半是屬於郊區中產以上階級的律師、工程師、醫生、教授……等，他們怎能認同史明的「二段革命論」呢？島內的情況就更不如了，以「生根」爲例，雖然大談「臺灣民族論」，却不一定懂得或同意史明的全套「理論」，恐怕還是討厭那樣的說法吧，這些可由「生根」雜誌對待勞工問題的態度反應出來。而康寧祥的支持力量來自穩健的臺灣資產階級，還是相近於北美的FAPA（臺灣人公共事務協會）系統。他們不要求激烈的改變，甚且他們更了解到自己與國民黨之間那種互相需要，又爭吵不休的「不愉快的愛侶」關係。他們了解到與國民黨的互相需要，例如戒嚴法對工會、產業聯盟的禁制是對臺灣資產階級資本積累與榨取起很大的作用。他們希望臺灣政治慢慢的改，他們所爭的，是自己階級參政的席次，並不是體制的改變。至於年輕一代的批康，據我研究，似乎並沒有意識型態的意義，年輕人比較激進，但那只是急於改變黨外現有的秩序，爭自己在黨外陣營中的一席之地。因爲黨外也有其牢固的階層性，依照個人參與黨外的年資，是否現任民意代表、或者中央級、省級、縣市級的代表……等不同條件，有不同的「地位」。現在黨外新生代沒有這個耐心。戰後成長的世代，可不講究對前輩的客氣了。

**戴**：這裏我要做個補充，去年康寧祥等四人來美訪問時，曾公開支持美國賣武器給臺灣，「臺灣同鄉會」和「臺獨聯盟」也都支持。這就明示了「臺灣當前秩序的維持」乃是黨外穩健派、海外臺美族和國民黨政府三者利益一致之處，也是最重要的前提。

**陳**：因而，海外臺獨運動若是分成上述兩個流派，其實島內黨外運動的影響恐怕也是以穩健的、經過修改的FAPA爲大。理由是FAPA的財源充裕，……

**戴**：對！對！臺美族的社會基礎根本就在這裏。許信良、史明要跟這些人談革命，「要革我們資產階級的命！」是很叫人家討厭的！所以，史明和許信良的「二段革命論」是少有市場的。但也可能有一些年輕學生因爲本身階級基礎尚未確定，或富有血氣、衝勁、未被磨損的正義感，受到「理論」吸引而參與，就整個臺美族而言，史明和許信良的影響力我看是不大。

# 學生與社會民衆的意識差距

**陳**：他們在北美洲臺美族間不大的影響力，就按照相同的比例反應到島內的黨外運動。雖然我剛才說，那種語言在部份黨外年輕人當中頗爲流行，但那純然是一種流行。受史明的「理論」影響的可能是貧困、好學又沒有思想出路的極少數學生。可惜的是，他們還沒有分辨眞實和虛構的歷史唯物論的訓練。

然而，在臺灣，學生一般地在認識上比社會民衆落後。一般民衆都要比學生較具有改革的精神，這是臺灣與其他第三世界國家很不相同的地方。造成這種奇怪的現象的原因之一，可能是因爲臺灣近卅年來在社會科學、人文科學、哲學知識這一方面的禁斷，使得學生在他們一生最熱情、最敏感的時代一點都不發生作用。絕大部份的學生生活是郊遊、舞會、痲將、喝酒、烤肉。若是有什麼意識的話，也是以贊成現體制的佔絕大多數。

**戴**：是因爲他們可以享受到經濟成長的部份「美果」和加入國民黨，謀求一份不錯的工作或位置，才那樣嗎？

**陳**：也不一定如此。一般學生不見得太在乎國民黨或政治，主要是近年來物質生活的改善，加上多年來所受的教育，他們自然要維護現行的體制。

**呂**：關於學生的問題我以爲並不是那麼深奧。主要是升學的壓力，從初中、高中一直到進了大學才能喘息，也接觸不到教科書以外的書籍，要求他們思想具有批判力是不可能的。民衆與學生不同，民衆有實際生活的體驗……

## 黨外心中只有國民黨

**陳**：但是，日本的學生升學競爭也很厲害的，問題是客觀上沒有那樣的東西讓他們去接觸。民衆的進步性是由生活的歷練中學習得到教育的，並非受到書本、意識形態的影響。臺灣學生的落後性除了消費社會的因素或功課太忙之外，客觀條件的欠缺是有很大的關係。臺灣實在沒有東西讓他們接觸，他們頂多變成一個黨外，用內容貧乏的辭語罵國民黨。臺灣最大的問題就是所有的反對者心目中都只有一個國民黨，使他們無法看得更遠、想得更深刻。

**呂**：你是說黨外不是來自民衆嗎？

**陳**：噢！那是另外一個問題。黨外運動是代表臺灣資產階級的政治運動，是那塊泥土自然生長出來的。問題是這個反對運動的品質，與其他第三世界的反對勢力的思想、文化、知識形態的深度是不能比較的。

我這次在寫作班與其他第三世界國家的作家交流的感受很深。他們的創作做爲藝術品的水準如何是另一回事，但是做爲一個作家，他們的認識和自覺水準高出我們太多了。

**戴**：我讀了這次討論「臺灣意識」、「臺灣人意識」、「臺灣民族意識」的幾篇文章，感到奇怪的是，作者對以上幾個問題的邏輯層次都沒有搞清楚。正有如你剛才說的「心目中只有國民黨」，連自己都沒有了，一味只罵國民黨，把一切臺灣不好的責任都推給國民黨，要國民黨承擔。這種不求進步，少有自我批判、自我提昇層次、自我拓寬格局的態度，無論在學術上或思想邏輯上都是墮落的。「維持現狀」的本身就是退步的！

**葉**：戴教授，能不能請你對「臺灣意識」、「臺灣人意識」、「臺灣民族意識」簡短整理，定義。

## 「臺灣意識」與「臺灣人意識」要分清楚

**戴**：原本不是學問的東西，硬要加以界定，很難的，我只能以假設要我寫一篇提倡「臺灣意識」的文章這樣的觀點來談。首先，「臺灣意識」與「臺灣人意識」有其相重疊點，也有必要區分清楚的地方。我的意思是說，無論理由是反共或恐共，爲了抵抗中共的力量渡過臺灣海峽，是可以主張「臺灣意識」的。但若藉着提倡「臺灣意識」和「臺灣人意識」來轉化做「反華」的思想武裝，則未免過於情緒化，且是低層次的行徑。也就是說爲了對抗中共、維持臺灣現狀，大家盡力溝通、尋求共同的觀點與利害關係，在這個基礎上或許可能構成「臺灣意識」。目前的提法好像都是認爲沒什麼好商量的，人人都得認同「臺灣意識」，否則就是併吞派！就該滾蛋！這就未免太霸氣了，有強姦民意的味道……

**葉**：陳樹鴻在「臺灣意識——黨外民主運動的基石」一文中曾指出「臺灣意識」的形成，乃是因爲今日臺灣的經濟社會生活已形成了共同體。你的看法如何？

**戴**：這個理論基礎是很脆弱的。你可以找「高山靑」的山地靑年，中壢一帶鄉下客家村莊，或外省退伍軍人下層窮困人家來問問看，他們會同意臺灣的經濟社會生活和他們是共同體嗎？他們會認同當前以福佬中產階級作基礎倡導的「臺灣人意識」嗎？「臺灣意識」是否已形成，還牽涉到如何評估臺灣的資本主義成長過程，以及臺灣的資本主義發展已經成熟與否的問題。那麼「臺灣意識」與「臺灣人意識」也還有必要區分淸楚的地方，比如我在日本生活，我認同日本社會的現狀，希望她維持和平憲法，不會有侵略戰爭，經濟能繼續發展，社會秩序安寧，因而我是有「日本意識」，更通俗一點說是具有「日本居民意識」的，但是我不可能認同「日本人意識」。

再以林正杰來說吧！我相信他是有「臺灣意識」或是「臺灣居民意識」的，但是強要他認同「臺灣人意識」恐怕就有困難。所以說「臺灣意識」與「臺灣人意識」是不一樣的，應該分開看待，但是現在這個問題好像混淆不清……。

**陳**：我想這個問題的混淆是有原因的。史明的「臺灣民族論」的主要論點一個是社會發展論，一個是中國人對臺灣人殖民統治，也就是民族的壓迫。所以雖然借用歷史唯物論的語言，却發展成極爲唯心論的東西。強調臺灣的政治矛盾的核心是民族壓迫，也就是他表明的兩條公式：①中國民族＝統治民族＝壓迫階級。②臺灣民族＝被統治者民族＝被壓迫階級。這種提法是存在於他的「理論」架構中最大的矛盾，原來的焦點是在「臺灣意識」的，但是因爲這個「理論」上的錯誤，導致另外一個錯誤——卽是強調臺灣的政治是殖民統治，就像日本人對臺灣的統治。這個「理論」架構上的弱點是因爲與實際生活的不一致，這一點我們待會兒再討論。

但是，「穩健派」的臺獨似乎並不強烈主張民族矛盾，他們要求臺灣的人權、民主和自由，却不一定要全面地掌握政權，若有必要甚至說願意搞遊說團體替臺灣辦對美外交，這樣的主張可能稱之爲臺灣本位主義較恰當。

**戴**：這也就是「革新保臺」的論點，革新保臺論者認爲大家在同一條船上蹣跚航行，將共同面臨風暴。

**陳**：對。所以要求的是修正，因爲在共同的階級基礎上，如何保持這個階級的存在與發展才是問題。所以我看「臺灣」與「臺灣人」意識的混淆不清，是因爲基本上臺獨運動存在着兩個不一致的主張。

## 近代民族國家的形成與民族意識

**戴**：至於從「民族國家論」的學術立場，要談「臺灣民族論」對不對的問題，我看很難。我們都知道，現代民族和民族主義的概念是來自於西歐近代民族國家的成立。也就是說近代社會科學上所言及的民族論、民族概念，並不是超時間的存在。日本民族也罷，中華民族也罷，都不是幾百年以前就有的概念。比如說近代日本民族的形成，日本人的概念以及他們的日本人意識要等到一八八〇年代才逐漸醞釀成的。那以前他們各自分別稱爲「長州人」、「信州人」或「遠州人」等等。本來「州」就是通到「國」的一種語彙。日本人打完了明治維新過程的最後一次內戰（也就是西南戰爭），日本資本主義慢慢成長，國民經濟圈逐漸成形，日本人意識才萌芽出來的。至於日本人意識以及日本民族的整合性概念則得藉兩次對外侵略戰爭——一爲中日甲午戰爭，二爲日俄戰爭來培育與穩固。

我們繼續談一下中國人意識和中華或中國民族概念的萌芽、培育、發展成形的過程。據我未成熟的看法，萌芽略見於鴉片戰爭（一八四二年）階段，但這個只是斑點的存在而已。較大規模的萌芽和催生是藉助於辛亥革命的。至於發展成形，還得藉日本軍國主義的殘酷行徑轉化為「反面教師」來培育的呢！

## 「臺灣民族論」須向前看

因而「臺灣民族論」，只往後看——也就是在歷史痕跡中去尋找見證，是沒有希望的。尤其從漢族系移臺居民羣體身上來找「臺灣民族」的根基是牽強附會。若眞要找出一縷希望，要往高山諸族去尋找才合情理的。但是當前大多數「臺灣民族」論者却不屑言及有關高山諸族的歷史問題，沒有面對歷史的眞實。我眞不知道，為何還有人要用幾把剪刀和漿糊來編織，眞是勞民傷財啊！

但話得說回來，若論者願向前探討，而臺灣的局面能夠維持現況不變，所有圍繞臺灣的客觀條件也不改變，我們還可勉強就下列主觀條件來討論「臺灣民族」能否成熟的問題。如果作為主體的「臺灣人」（她的整合概念已成熟為前提）能夠眞正樹立「羣體自我」（GROUP IDENTI-

TY）的尊嚴和獨立自主性，不再挾美、日以自重，且能揚棄仰賴美、日外來勢力參預的慣性，眞正依據羣衆的草根性，挺直脊骨，力求自我提升層次，擴大格局的話，再過五十年，一百年或許有可能把「臺灣民族」培育起來也說不定。

以現階段臺灣政治、經濟、社會的總合現實來判定，我認爲臺灣人意識以及以她作爲前提的「臺灣民族」是萬萬不能斷定爲成熟的。

主張「臺灣民族論」者，往往把支持中國大陸與臺灣將來成爲一個國家的人們罵爲併呑派，指摘他們陷進「大漢沙文主義」、「愛國沙文主義」、「大中國沙文主義」等等的泥濘中。「臺灣民族論」者，主張「臺灣人」有別於「中國人」，「臺灣民族」有異於「中華民族」。這一種主張，若以善意來解釋，是用 INSIDER'S PERSPECTIVE 來看待臺灣內部的問題。他們爲了抗拒官方體制的民族主義，也就是他們斷定爲以 OUTSIDER'S PERSPECTIVE 來套的「中國民族主義」，或者是以 ORDER'S PERSPECTIVE 來框定的「中國民族主義」，而有所主張。

這種邏輯是否正確，能否行得通，我們可以暫時不加以評論。但我們只要冷靜來考察，高山諸族人士和客家系人士亦可斷定當前「臺灣民族論」者所主張的「臺灣民族論」爲「福佬沙文主義」的一種體現。因爲倡導「臺灣民族論」者多數爲福佬人士，無形中忽視或輕視高山諸族人士及客家系人士的 Insider's Perspective 的權利、立場和機會，也就是說，若視當前「臺灣民族論」有實現的一天，他將被「臺灣民族論」剝奪了「主張各自羣體自我」的尊嚴與權利。

我個人並不反對臺灣人意識的培育與成熟。但是有三個條件，我們得肯定臺灣內部居民的多元存在爲先；如何善待高山諸族，客家系人士以及大陸系人士有關問題爲次，三者我們得勇敢地面對多層且複雜的社會現實。

我們絕不可學希特勒和墨索里尼，依靠中產階級的反共、恐共心理，藉反共來推展反人性的種族主義，排外，歧視「他族」，殘殺猶太人等等的行徑。

「臺灣民族論」暗藏着把省籍矛盾、地方性（地方主義）層次的磨擦無限上綱爲民族、種族矛盾，搞出一種假象，不知不覺地，把自己的視野蒙住，甚至於有意蒙住老百姓的眼睛，我憂慮這一種論調的持續將給臺灣帶來不測的災禍。有位曾經參加過世臺會，一度爲史明「理論」信徒的年輕朋友告訴我，史明在世臺會要求鄉親們「若有說不慣『臺灣民族』的人，可以在吃早飯前先喊十遍『臺灣民族』就可以了……。」那位朋友說眞有一點像希特勒的宣傳作法，也聞到「臺灣民族論」裏面已有法西斯主義的萌芽和火藥味，因而苦惱地另尋出路了。「臺灣民族論」會不會變成法西斯主義的「鬼胎」，給美麗島帶來災難，我不敢預卜。不過站在研究社會科學的立場，先提出問題來罷了！

另外，我身爲客家系臺灣人，我總認爲客裔人士和福佬人士合起來的漢族系臺灣人，雙手都不是頂乾淨的。我們該擔當起來，積極地肯定，並容納高山各族的各自意識的主張與樹立。同時我得強調客家人意識和健康的臺灣人意識是絕對不對立的，也不該讓他們對立的。

在臺灣的客家人意識和臺灣人意識不但不對立，我認爲大可把她定位於臺灣人意識的下位概念來善待。但中華民族意識却是臺灣人意識的上位概念。

我期待臺灣人意識的健康成長，不等於我放棄客家系臺灣人意識！更不等於我放棄認同中華民族意識！

我也得強調認同中華民族意識，並不等同於認同中共或國府的政治體制。在正常的社會，某一位公民或市民對政黨、對政權都應該具有選擇認同的權利，「主權在民」的眞正意義應該在此的呀！

**呂**：那麼，綜合以上所討論的，我們是否可以簡單地說「臺灣人意識」是「臺灣民族」的前提？

**戴**：是的，是的。

（原載一九八四年三月「夏潮」雜誌）

# 研究台灣史經驗談

●戴國煇

主席，我所敬愛的各位鄉親。很高興有機會來參加這次的盛會，並能上臺向諸位做點報告，感到非常榮幸。

今天我分三個大綱目來講。第一個是「我爲何研究臺灣史」。第二個是「我(我們)的小小成果」，這裏所說的我們，是指在日本我們所組成的「臺灣近現代史研究會」的同仁而言的。第三個綱目是「來美以後的感觸」。我準備藉這三個綱目向諸位先進請教，並一齊來思考一些問題。

眞正喚起我對臺灣史下功夫的原因，現在整理起來不外是以下三個因素。

第一，當年在東京臺獨運動主要人物有廖文毅、邱永漢、王育德等人。他們的主張當然不會是百分之百是錯的，並不至於百分之百沒有人去同情。但總而言之，他們的史觀，尤其是對日本統治時期的看法，很多地方我不能同意。後來我發現「媚日」不止限於他們臺獨人士，甚多臺灣知識份子犯有同樣的毛病。這可不得了，我認爲如此下去將自誤誤人，將給臺灣以及中、日兩國國家都可能帶來災禍。

第二，臺獨的言論同時也可能給日本人帶來了禍水，臺獨認爲日本給臺灣帶來了資本主義，促進了現代化云云的話，日本人一般聽起來很順耳，很可能就變成了甜言蜜語，這個可要害人不淺。爲害的範圍很可能還要擴展到東南亞。

第三個因素是與大陸有關係的。在一九五五年前後，當我初到日本的時候，我很好奇收集並閱讀大陸出版有關臺灣的書籍。它們除了論調差不多以外，有的時候我們還可以發現，編著者連漢族系臺灣人的風俗習慣與高山少數民族的風俗習慣都沒有搞通的實例。這個可叫我傷心並帶給我無限的失望。

大概是一九六三年前後的事，我終於決定我博士論文的題目，暫定爲臺灣糖業史。我最大的目的是想搞通日本帝國主義統治臺灣的眞相。我們都知道日本統治臺灣是依糖、米兩項農產品爲中心而展開的。尤其以糖業爲最重要的榨取手段。

很多日本知識界的朋友，包括以馬克思經濟學的方法來看問題的一部分學者先生們，他們認爲日本帝國主義在臺灣把糖業搞起來，提高了農業生產力，所以日本在臺灣的殖民地統治是成功的，是少有罪過的。

日本人如此主張。第一代臺獨人士的言論，尤其是邱永漢、王育德兩氏的言論，也給日本人帶來「負」的歷史意識。他們以東京帝大的校友，以臺灣人的精英姿態立論著書來肯定日本帝國主義給臺灣帶來了資本主義，給臺灣現代化奠了基，給臺灣農業帶來了現代化水利施設——好比嘉南大圳等等。這些言論概以日文發表，它不但變成了「媚藥」，還幫助日本人，把他們原來已經很稀薄的殖民地統治罪惡感沖淡了不少。

## 臺灣是瘴癘之地？

但我還是力主歷史問題要交代清楚，要從殖民地支配的動機開始分析，一直到統治的具體過程和結果來做整體的調查、研究才稱得上社會科學的。例如後藤新平所創立的臺北醫學校。它的教育目的，不是爲了臺灣島民的眞正健康、福利而辦。而是爲日本資本家準備健康的投資地，模仿英法諸國的殖民政策。諸位若不相信我的話，請你們想一下，「瘴癘之地」有何資本家肯來投資？

當我進行臺灣糖業史的研究過程時，我整理出來，日本當年為何要侵占臺灣、澎湖的眞正經濟原因，日本明治政府，當年除了蹈襲諸先進西歐帝國主義奪取殖民地，確立它對外擴張勢力的軍事基地外，是另有它的經濟理由的。日本資本主義在明治維新以後漸漸脫顯而出，它為了搞起資本主義工業化，需要一大批外滙來向西歐購進新式工廠設備。其次，日本國內市場因資本主義經濟的釀成，慢慢形成新的有關「吃的」消費構造來，年年從外國輸進一大批食糖，花費它廿五%的外幣支出，它的主要輸入市場之一是我們臺灣。

諸位千萬別吃驚，我不會記錯，我們臺灣的糖商在日本橫濱開設分行，遠在一八七三年（清朝同治十二年），是明治六年間的事。這個糖商卽為陳中和一家，它的後裔就是光復後在高雄縣市活躍的陳啓川昆仲。

臺灣當年已是「寶島」呀，我們千萬不能被當權者、統治階級、體制派文人給臺灣及臺灣居民所套的「瘴癘之地」、「化外之地」、「三年小反五年大亂」或「好亂、好鬪成性」一些「框架」語迷亂了自己的心靈。

日本人老早調查清楚臺灣的社會經濟，他們在侵臺以前和治臺早期很少提到臺灣是不毛之地。其實日本人自明末清初已從鄭成功一家治臺、開拓臺灣、振興臺灣糖業得到不少利益。鄭家三代人能依靠「彈丸之地」來抵抗還沒有腐敗，正在興旺的大淸帝國，它的財源主要是靠輸出紅糖的。當年的紅糖除了輸到日本外還輸到波斯（現在的伊朗）。國府中央剛遷臺不久的局面有點相似於鄭家治臺的歷史局面。

我們淸朝的臺灣糖業已具有相當規模，日本人絕不是憑空搞起來的。奪取臺灣的頭十年，日本資本主義尚是脆弱而淺薄的。狡猾的日本商人以及當權的財政官員，他們並沒有忘記臺島的殷商和洋行買辦等人的資金。日本當局動用臺島富庶人家的資金參入糖業資本，一方面運用了臺島土著豪商士紳的資金，搞他們主導的工業化，另一方面驅策我們臺籍的勞動階級，盡其所能榨取他們的血汗。

後來我發覺到臺灣糖業有它本身的前史，有它的「根」。因而我開始追索到海峽對岸的福建，爲了弄淸楚福建糖業，我繼續探索古籍，然後我遇到「本草書」以及「糖霜譜」等貴重古文獻。「糖霜譜」還告訴我，四川的糖業早在十二世紀已達到相當高的水平。

我的博士論文於一九六七年三月印成書，書名爲「中國甘蔗糖業之展開」。這是我生平第一本書，使我能在日本的立敎大學文學院史學系謀了一個敎席。它是世界第一本有關中國甘蔗糖業史的書，敍述七世紀到十七世紀，中國社會經濟史的一個側面。我引用了不少內外古籍，因而得到學界的肯定。

## 後藤新平治臺神話

下面我繼續要談的是我的小論文「清末臺灣的一個考察」。

這篇文章雖然公刊於一九七〇年，收錄於「仁井田陞博士追悼論文集」第三卷（日本・東京勁草書房），但定稿是早在一九六七年夏天。

仁井田陞博士是東京大學名譽教授，他是中國法制史的權威。爲了研究日本帝國在臺灣留下來的殖民地遺產，我開始整理日本治臺前期，也就是清朝末期的社會經濟概況。

一般日本人並不知道，我們臺灣早在日本侵臺以前就有了鐵路、煤礦的開採，與對岸福建之間已敷設有海底電線等等。

我寫「清末臺灣的一個考察」，主要目的就是來詮釋這個「前史」。讓人人知道，日本人帶進臺灣的資本主義，一些現代化的設施等等並不是從空中飛下來的，憑空創造出來的。我用了甚多的資料，包括日本人在未治臺前所發表的有關臺灣的報告文章之類，來證明臺灣並不是人云亦云的「不毛之地」。的的確確治臺十年以後的日本人，居心不良，爲保持既得利益，爲了自誇其成就，爲了討同花在治臺的「血汗」功勞，盡其所能醜化臺灣爲「化外之地」、「瘴癘之地」、「三年小反五年大亂」的一些虛像。

除了盡力排除後藤新平治臺的神話。我向我自己的同胞，尤其被日本人的價值觀念體系迷了魂的臺灣知識界提出了問題，投了一個小小的「炸彈」。這顆炸彈證明：我們的父祖輩在日本侵臺以前，在臺灣樹立了資本主義萌芽的基礎。不然，如何作合情合理的解釋，爲何腐朽不堪的清朝會在「邊陲之地」的臺灣敷設鐵路，搞了劉銘傳的新政？

但這個「炸彈」好像效果不甚大，在這個時候還有位高伊哥先生寫出「後藤新平——臺灣現代化的奠基者——」（「生根」第八期）一文，我覺得我們臺籍知識份子病入膏肓與問題的嚴重。俟後我們再給高文來一下論評。

## 臺灣近現代史研究會

繼「清末臺灣的一個考察」，我連續發表了「日本人的臺灣研究——有關臺灣習慣調查的札記——」、「戰後日本人的臺灣研究」、「清末期臺灣農業的實貌」等等，以及參加了「臺灣經濟與日本資本的進出」等座談會，繼續我對日本和臺灣關係史的詮釋。

諸位大概已經過了目吧！我在櫃臺上展覽的「臺灣近現代史研究」第一集到第四集的全套和鄉弟編著的「臺灣霧社蜂起事件研究與資料」，另外一本是我的第一位學生若林正丈君的「臺灣抗日運動史研究」。（東京，研文出版刊行）

這三部刋物可以說是我們在日本的「臺灣近現代史研究會」同仁的小小成就。可惜它以日文書寫，不能供給鄉親們作爲參考。

有關我們研究會的緣起，我在「臺灣近現代史研究」創刋號上道出一些。我們的研究會創始於一九七〇年初夏，本來沒有正式會名，到目前爲止我們沒有會長，只有輪流義務承擔的「事務局」以及年報的編輯委員會。

我們的會一貫保持公開，我們沒有會章，但我們共同的默契，有三項：

第一，我們同仁不作假，不作虛，不作「排場」。

第二，我們主張不受「正統」和既存的「框架」束縛，對學術研究，願能保持相對的自由，我們期望富有彈性的思考。

第三，我們反對任何人給研究會帶進「政治」。

同仁們曾要我寫創刋辭，但我力主排除形式主義，反對「排場」而改用「補白」塞責。

我們沒有接受過任何個人，任何團體的資金援助，每一個月開一次「月例研究會」，除了每年八月休一次暑假外，從無間斷過。最近我們察覺到，抄襲日人著作，改譯、改編日人著作等並不是作眞正的學術正途。別再企圖瞞住臺灣人後生，以爲他們不諳日語，不通日文資料而來嚇唬。我們可以預料到，在不久的將來，我們的後生會站出來，大大地給「你」來個痛擊。

我們共同研究的題目，第一是霧社事件，第二是後藤新平。第一個題目我們花了十年，收集不少日方的機密資料，包括一些不曾公佈過的殘酷照片。

我們出版的「臺灣霧社蜂起事件研究與資料」引起日本右翼、國粹激進派的恐嚇，但我還得提一提，日本人畢竟仍有他們的良知。不然的話，這一本書不可能售完了第一版。他們看了這一本書當然會很難過，不過我相信，藉「良藥苦口」來比喻的話，也就是正面的歷史教訓才對。鄉弟亦希望這一本書能譯出來，同樣地變成我們自己的歷史教訓，我們同胞間的「苦書」。我始終保持「可恕不可忘」的態度，來對待中、日兩民族間的一切「悲劇」。鄉弟認爲揭發瘡疤一類的行徑是屬於情緒層面的。但很可嘆的是，我們同胞間很多人把批評與漫罵混在一起，始終沒有能夠把學術上的互相論評，互磋互勉，接受批評以提高研究水平的一種學風樹立起來。這一點，我們同仁以後還得加緊努力。

第二個共同研究的題目是後藤新平研究，目前還沒有編成一書。敢請諸位拭目以待。

# 「被殖民心態」的作祟

時間已不早了，我們繼續來談我的第三個綱目，也就是「來美以後的感觸」。首先，我們藉高伊哥先生所著的「後藤新平——臺灣現代化的奠基者——」爲引子。

高文我已詳讀了，以內容而言，沒有什麼突破，我猜高君可能連後藤的女婿鶴見祐輔所主編的「後藤新平」傳都沒有詳讀過。

高文一出，臺灣內部的黨外雜誌顯然吹起一陣「狂風」與「反狂風」。據我看問題有兩個：一個是高文的副標題，標明「臺灣現代化的奠基者」而引起爭議。「現代化」在此文並不等於中性詞彙，顯然有正面的價值。下面還來一下奠基者，這個就不是個味道了。不但有失民族的尊嚴，同時亦有失被殖民統治大衆的立場。因而引起衆人的批評。

第二個問題該是「被殖民心態」病入膏肓，並不只是高君一人，很多中產階級以上的臺籍知識份子，因在臺灣戰後遭到太多的挫折及傷痕，必然地生起了憎恨以及不滿現狀，及反對體制的強烈願望。但這些一直停滯於情緒化的層次，不易被提高到理性的層次來處理。這種心態，繼續反映了我們臺灣內部社會科學的落伍，這一點是值得我們去探討的。我們聽說坐過將近十年政治牢的人士，也犯有同樣錯誤，沒有來得及克服與揚棄那種「被殖民心態」，我們感到有無限的悲哀和說不盡的內疚。

高文叫我痛心，但是來美以後的所見所聞並不全是叫我失望的。不少的年輕朋友研究臺灣史，不管他們的省籍和國籍，甚至不分人種，不分民族來找我談，與我交換意見。他們不單單正在克服老一代臺籍臺灣史家的「框架」，他們的熱情也很感人。有一批年輕朋友排除了「美元」的誘引力，繼續爲他們的理想而掙扎，叫我感動不已。

## 高山青年的覺醒

最近我在「暖流」第十二期看到「高山青年的覺醒」的短文報導，也是叫我興奮的一件事情。鄉弟雖然還未能看到他們的刋物「高山青」，但我總覺得這種刋物的出現，不管它的背景如何，我認爲是一個突破。

我很早就提出，我們客家人和福佬人雙手並不是頂乾淨的，尤其是參與開拓臺灣的客家父祖輩，扮演過侵占山地的先鋒隊。我始終保有一種「原罪」感。

我在「臺灣霧社蜂起事件研究與資料」的序文裏早有提過，我們非高山籍人士不能夠代替高山籍的朋友（我把他們稱謂 Native Taiwanese，或先住臺灣人）來敍述他們的眞正歷史。我們只能暫時代爲收集和整理資料，甚至於我表明了，我們同仁因爲同是屬於迫害、欺凌高山籍人士的後裔，所以必然俱有不少的局限性。希望將來能看到高山籍青年學人來承接我們小小的禮物，然後完成他們自己的歷史書。

我的預料，好像就要呈現於我們眼前了，這個怎麼不叫我興奮！

## 空洞的「一千八百萬人論」

當我們的書上市不久，我們同仁設法給高永清先生（很不幸，他去年謝了世。他是霧社事件倖免於殺禍的一位少年，他後來成了醫生，當了霧社鄰近高山部族的領導人之一）帶去這本書。我與高先生從未謀面，但有很多同仁和朋友去訪問過他。他寫了一封非常長而且感人的謝信給我，是用日文寫的。適當的時期我會公佈出來，請大家參考。

高伊哥一文鬧了「狂風」，但侯德健的進入（我並不很喜歡安易地把「回歸」一詞套上）大陸，好像也給我們帶來一陣不小的風風雨雨。

我認爲「龍的傳人」的歌詞寫得不錯。但我始終不能了解一些黨外人士最近的言論。他們喜歡提出一千八百萬的全體臺灣人云云的話。我認爲他們的提法，雖然比起「臺獨」第一代人士常把省籍矛盾無限擴大，變成「民族」矛盾那一類的言論，來得進步，但我覺得一千八百萬人云云的提法既沒有「內容」，亦是含糊不清的。至於強逼大陸籍人士，或大陸籍人士的後裔認同臺灣，這一種「強姦」民意的作法，是少有效果而應該不是我們追求民主自由、人權至上的作爲。最近黨外論壇內容，有意無意的，再三提出「臺灣意識」或有意地強調「臺灣意識」的成長和成熟。

我認爲他們有一點焦急，有意廻避客觀現實，輕視歷史過程，而一心一意，一廂情願地把自己的「理念」、主觀願望道出來。有一點像東條英機提倡大和魂，高揚日本精神的作法。「龍的傳人」爲何能在臺灣校園歌曲中保持它的長期地位，還不值得高唱「臺灣意識」成長論者探討的嗎？一千八百萬「臺灣人」應該包含有多元的存在，我們只要不是裝糊塗，缺乏社會科學的學養的話，我們是不作這一種提法的。不過我還是同情那些正在玩「政治魔術」的黨外民意代表，不得不作出那一種呼籲的處境。但是，這僅止於同情而已，不是一種社會科學的洞察。

我們先前提到的高伊哥先生的論文，很可能是借題發揮的。或許高君爲了呼應「臺灣意識」的成熟論，他不得不肯定後藤新平爲臺灣現代化的奠基者。他和他的同路人有必要肯定日本帝國主義者在殖民臺灣過程裏頭，不管它的動機如何，不管它的過程是如何的毒辣、殘酷，不管它只是被迫「遺留」下來它的「奶牛、寶島臺灣」，不管這隻「奶牛、寶島臺灣」是我們臺灣自己島民付出了莫大血汗才養成的，高君和他的同路人只是爲了他們自己的「政治掛帥」，非來歪曲歷史不可，這是值得我們痛心惋惜的。

## 突破島氣，放眼世界

最後，我得提出有關臺灣史的定位問題。我們臺籍人士，尤其是受過日本教育的，易受日本人的價值觀念體系的影響。

我們因爲生長於臺、澎兩島，先天地，有被染上「島氣」的可能。加上日本人的島氣，我們很可能負荷雙重「島氣」的包袱。我們常常透過「日文」、透過「日本式思考」來看問題，來看世界，這一點是需要我們一再反省、自我檢討的。

很多同鄉不滿現狀，常常自閉守關地，不願把自己的臺灣的「位置」擺在世界地圖，亞洲地圖，全中國的地圖來瞄一瞄，來思考思考我們自己所站有的地位（當然包括歷史地位）。人總是懶惰的，包括鄉弟是如此。但我們得抖擻振作一番，好好把我們臺灣史的定位搞好才對。

臺灣史當然需要從內部來探討，包括高山各族的歷史，漢族和高山各族間的鬪爭，爭生存的歷史，漢族間的械鬪的歷史等等。但我們爲了明察「臺灣何去何從」的課題，我們還得從全中國史，從亞洲史，從世界史的關連上面作好臺灣史的定位來考察問題，才不至於陷入自己的小「框框」，溺死於「小浴池」裏頭。我們不願面臨緊急關頭時空喊「救命呀！來人呀！」一類的哭調話。

我希望我們鄉親們，不管他的省籍，只要對臺灣海峽的安靜，臺灣和大陸雙方老百姓們的福利和人權的進步有關懷的，我們一齊來互勉互勵，多謝各位。謝謝！

（本文節錄自戴國煇先生在芝加哥大學演講稿，原載一九八四年三月「夏潮」雜誌）

# 台灣人不要「中國意識」

●「台灣年代」雜誌

「夏潮論壇」革新版一九八四年三月號以將近三分之一的篇幅，大肆抨擊「臺灣意識」，並隱含對黨外運動的批判。我們不同意他們的觀點。但是在目前這種黨外無思想的情況下，我們樂意看到有人勇於提出自己的見解，因為這是任何一位誠心從事運動者所必須做的工作。我們並不是認為提出自己的理念，運動就必然成功，但是這小小的一步若不邁出去，根本不必奢談運動。

我們高興與「夏潮論壇」交換意見的另一個理由是：

希望透過溝通，學習過民主的生活，並進而釐清彼此的想法，讓廣大的人民易於加以評估，有利與國民黨的抗爭。

因此，我們製作了此一專題。

鄭明哲的「臺獨運動眞的是資產階級運動嗎?」對於硬把民族運動等同於某一階級的利益活動的說法，表示不敢苟同。尤其處在臺灣的現實社經條件下，民族運動是符合各階級的利益的。鄭明哲對「民族意識」與「階級利益」的說明，有助於我們擺脫庸俗馬克思主義的機械式論斷的束縛。

黃連德的「洗掉中國熱昏症的『科學』粧吧！」指出「夏潮論壇」反對「臺灣意識」的說法，表面上是根據唯物史觀，其實是來自相當「唯心」的歷史記憶和情結。根據唯物史觀，眞正具有社經物質基礎的，正是「臺灣意識」。「夏潮論壇」以一些術語來掩飾其主觀上的認同，不僅不誠實，也是禁不起考驗的。

林濁水的「『夏潮論壇』反『臺灣人意識』論的崩解」，說明戴國煇先生的民族觀是相對性的，不同於「夏潮論壇」的絕對性。林濁水並且提出「前行概念」來取代「上、下位概念」，認爲某一民族是在另一民族的上位或下位，只具有主觀意願上「應然」的意義而已，不可蠻橫地當做一種歷史的必然。

高伊哥的「臺灣歷史意識問題」，說明研究臺灣史的態度有三點：以全世界的歷史發展爲視野，以臺灣本土爲依歸，重新探討帝國主義對臺灣的正負面影響及功過。高伊哥並且希望論者不要把晚清在臺灣「萌芽」的資本主義制度，混淆成臺灣在日據時「建立」的資本主義制度。最後，他呼籲人們認眞思考：一個關心勞苦人民的反帝者，除了對帝國主義提出規範性的譴責外，要如何看待帝國主義？

秦琦的「神話與歷史、現在與將來」痛責「夏潮論壇」不顧政治現實，蠻橫惡毒地把他人在不得已的環境下的言論，斷章取義地排比而來「證明」「夏潮論壇」的觀點——臺灣文學裏找不到「臺灣意識」。

政治觀點不同，當然可以互相批判；由於掌握的資料不同而各自擁有十足的「信心」也是可以瞭解的。但像「夏潮論壇」這樣舉證偏頗、惡意歪曲他人本意的作法，除了國民黨對付異己者之外，民間政爭還未曾有過這樣的惡例。希望這第一次也是最後的一次。

今天，黨外運動所面臨的理念問題極多，黨外一直不曾付與應有的關注。即使是有關「臺灣意識」與「中國意識」的探討，也僅處於起步階段。我們希望讀者能夠給予批評、指教，讓黨外運動堅強、蓬勃。

（原載一九八四年三月「臺灣年代」雜誌）

# 台獨運動眞的是資產階級運動嗎？

●鄭明哲

三月號的『夏潮論壇』轉載了一篇陳映眞和戴國煇兩位先生的部份對話，題爲：「臺灣人意識、臺灣民族的虛相與眞相」。這半篇對話圍繞着「臺灣意識」、「臺灣人意識」、「臺灣民族」三個概念糾纏不清。旣沒有清楚界定三個概念的內涵，也沒有理清三個概念（或現象）之間的關係。當然也談不上對這三個概念在特定的歷史時空底下，彼此之間可能有的發展關係做清楚的說明。

這篇對話清楚地顯示了兩個頭腦不清的人對話會造成

怎樣的結果：對話本身是一個災難（disaster），對讀者而言是一個夢魘（nightmare），對批評者而言，則是一個巨大的挫折（frustration）。

這個令人難以忘懷的閱讀經驗中，有幾句話特別引起我的注意：「臺獨運動，是臺灣資產階級的政治運動……」（頁二十二）；「黨外運動是代表臺灣資產階級的政治運動」（頁二十五）。以上兩句話，加上散見於該期『夏潮』中的一些句子和分析，如「電影是國家機器的一部份」（頁九十二），「臺灣中產階級黨外運動」（頁十八）等，充分地顯示了『夏潮』的一貫作風；喜歡摘取流行的術語名詞和教條，而不願對知識做深入的思辨工作。更深一層來看，這也反映出這一代臺灣知識份子的浮誇。

## 臺灣知識份子的浮誇

這一代臺灣知識份子的浮誇瀰漫在學術界裏面和外面。在學術圈裏，有人還沒有搞清楚社會科學是什麼，就妄想建立什麼「中國化的社會科學」。有人剛接觸到學術的皮毛，就開始寫什麼「我的××學求學過程」。這種輕浮的舉動，成爲學術界的笑話，並無關緊要。重要的是，它給後來者提供了一個非常惡劣的榜樣，不論是在追求知識的方向上，或是追求知識的態度上，它都誤導了後來者。這些現象使我們對臺灣學術界的前途充滿無限悲觀。可是和學術界外的輕浮比起來，學術界裏的這些可笑現象就不那麼重要了。臺灣知識界的希望畢竟不是在學術圈裏。

上面所引載於『夏潮』的許多語彙和論斷，顯然來自馬克思主義。在這裏，我無意指稱『夏潮』諸君爲馬克思主義者。一個人可以完全不懂馬克思主義，只因把馬克思主義的術語和教條掛在嘴邊，就自稱是馬克思主義者。一個人也可以欣賞及接受馬克思主義的部份東西，却不自認爲馬克思主義者。在一九八〇年代的今天，讀社會科學、讀史學、讀哲學而不讀馬克思是不可能的。因此，重要的並不是某個人是不是馬克思主義者，而是我們如何看待馬克思的東西。

我們可以持批判的態度檢驗馬克思的主張和論斷，然後決定取捨，或加以補充或修正。如此我們不但能豐富我們的知識，啓發我們的靈感，也可以賦予馬克思主義以無限生機。我認爲這是對這個近代史上最深刻、最豐富、最有發展可能性的思潮的正確態度。我們也可以毫不加以選擇、不加批判的大量引用馬克思主義的術語和論斷，來「分析」具體的社會現象。如此，不但侮辱了馬克思主義，也顯示了自己在知識上的輕浮。而這似乎是『夏潮』的做法。在『夏潮』諸君的文章中，如果將馬克思主義式的語彙和論斷剝棄，則所剩無幾。

這個現象不能怪罪於客觀條件的限制。國民黨固然努力要控制人民的思想。可是在資訊之流通如此快速，對外交通如此頻繁的臺灣，國民黨的控制效力是非常可疑的，尤其是對陳映眞先生這樣一個知識份子。今天，如果眞要責怪臺灣學術水準低落，要責怪臺灣知識界的膚淺，我們只能責怪臺灣知識份子的浮誇作風，責怪大多數的知識份子沒有耐心對知識做沉潛的功夫。

也只有了解臺灣知識份子這種浮誇的作風，我們才能了解陳映眞爲何經常會發出如，學生「還沒有分辨眞實和虛構的歷史唯物論」（頁二十四），這種似乎學問大得嚇死人，卻又空空洞洞，沒頭沒腦的言論。也只有了解臺灣知識份子的輕浮作風，我們才能了解陳映眞爲何會對黨外新生代做出那麼輕佻的批評：

……至於年輕一代的批康，據我研究，似乎並沒有意識型態的意義。年輕人比較激進，但那只是急於改變黨外現有的秩序，爭自己在黨外中的一席之地。因爲黨外也有其牢固的階層性，依照個人參與黨外的年資……等不同條件，有不同的「地位」。現在黨外新生代沒有這個耐心。戰後成長的世代，可不講究對前輩的客氣了。（頁二十四）

一個我認爲曾經是戰後臺灣最優秀的文學工作者，在知識上和道德上竟會墮落到這種地步，眞是一件令人痛心的事。

# 民族主義運動和資產階級

民族主義運動是資產階級的運動，這個說法來自馬克思。他在『德意志意識型態』一書中這樣寫道：

對每一個民族（nation）而言，這當然是一個事實，卽只有資產階級和他們的作家才堅持民族（nationality）問題。

馬克思對民族主義的討論，不但缺乏理論的一致性，有時是互相矛盾，並且是雙重標準的。他在『紐約論壇報』的專欄中，曾經提到無產階級「可敬的民族精神」，以及英法兩國農民階級所持有「過時的民族偏見」。

姑且不論這些雙重標準，民族主義運動眞的是資產階級運動嗎？這可以由兩個歷史事實來考察。第一，在某些地區中，民族主義運動之興起先於資本主義之入侵，或工業化之發生，如塞爾維亞民族運動和穿森維尼亞（Tran-sylvania，今羅馬尼亞一部份）民族運動。

第二，在某些資本主義已經入侵或已經發達的地區，民族主義運動經常和資產階級無關。如泛阿拉伯運動，美國的黑人運動中某些派別，中、日戰爭期間的農民和工人反日運動。在這個名單之後，還可以再加上猶太民族運動，雖然有人也許不會同意。

也就是說，以過份簡化的公式，來描述如民族主義運動這樣一個又複雜、又多面的現象，除了滿足知識上的怠惰之外，別無好處。

以上簡單的討論，並非在證明：民族主義運動不必然是資產階級的運動；臺獨運動是一個民族主義運動；所以臺獨運動不必然是資產階級的運動。這樣的討論太無聊了。這並非我的本意。以上的討論僅在指出，以階級來分析運動，不論是臺獨運動或臺灣的黨外運動，是過於簡化，是有極限的。

以下我將越過臺獨運動是不是民族主義運動這個問題，直接討論：在什麼情況下，我們可以說某種運動是某種階級的運動？也就是說，我們憑什麼說臺獨運動是資產階級運動；臺灣黨外運動是中產階級運動？而這正是提出這種說法的『夏潮』諸君該做却忘了做，或不願做，或懶於做好。

# 資產階級的臺獨運動？

在我看來，只有在兩種情況下我們才能說，某個運動是某個階級的運動。第一，該運動的大部份成員來自某個階級。第二，該運動的目標和訴求符合某個階級的利益。第一種界定運動的階級性格的方式顯然不合理。因爲如衆所週知，大部份社會主義運動的領導階層多來自小資產階級。如因此把社會主義運動稱爲小資產階級運動，是非常荒謬的。這裏牽涉到如何以階級關係來界定知識份子（他們經常是運動的推動者和支持者），及政治人物的問題。在此我們將不討論這個問題。我們只能說，以參與者或領導者（不論是知識份子或政客）的階級背景來分析一個運動的階級性格是不合理的。（這裏當然也牽涉到，英國的馬克思主義者 R. Miliband 和法國的馬克思主義者 N. Poulantzas 有關 state 的著名辯論。）

既然以參與者的階級背景來界定運動的階級性格不合理，以運動的訴求及目標來界定，應該是較合理的方式。例如，我們把共產主義運動界定爲無產階級運動，把工會運動界定爲勞工階級運動。

由這個角度來看，說臺獨運動是資產階級運動的人，必須證明臺獨這項主張只符合資產階級的利益。若果不是，則我們只能稱之爲全民運動，或民族運動，或其他任何性質的運動。然而臺獨運動所主張的具體內容是什麼？這些主張眞的只符合資產階級的利益嗎？

由現實的環境來考察，臺獨主張的具體內容顯然是希望臺灣成爲獨立於中共（或中國）之外的政治經濟體。這項希望當然牽涉到許多心理的因素和政治的利益。由於定義運動的階級性格主要是著重在經濟利益，我們就只從經濟層面來考慮。

如果只從經濟層面考慮，我看不出臺獨的主張只符合資產階級的利益。不用國民黨的宣傳，我們就能知道中共政權的政治是腐敗到什麼樣子，中共政權底下的勞工和農民的生活是什麼樣子，中共政權對勞工運動（雖然只是零星的存在）的態度是什麼樣子，中共政權對知識份子的摧殘是什麼樣子，中共政權對民主運動的壓迫又是什麼樣子。我們也無需國民黨的宣傳，就能知道中共政權是一心一意地要統一臺灣的。

在這種局面下，即使不考慮中共和臺灣統一必然帶來的政治迫害，而只就經濟利益來考慮，獨立仍然是對臺灣每一個階級都有利的。中共和臺灣統一之後，勞工階級生活水平的下降、工會運動將受到比現在更殘酷的壓制等等，是可以預期的。

只有在兩種情況下，獨立才只對資產階級有利。第一是，我們能預期統一之後，中共或者容許臺灣繼續保有資本主義的市場經濟以維持現有的經濟成長，然後以強制性的政策重新分配所得

（如北歐）；或者將生產工具社會化，然後以所得的市場社會主義提高生產力，來保持臺灣各階級現有的生活水準。頭一種情況，卽使不考慮平等和成長之間的矛盾，從政治上來考慮根本就是天方夜譚。後一種情況似乎是技術上的不可能。尤其是對中共這樣一個政權而言。

第二種獨立只對資產階級有利的可能情況是：在事實上除了資產階級之外，所有的階級都喜愛平等（或社會主義）甚於一切，喜愛得所有的階級都情願忍受貧窮的生活，政治的腐敗，文化的摧殘，思想的控制。別人或許對人性另有獨特的看法，就我而言，我不能接受這樣的假設。

也只有在上述兩種情況下，臺獨的主張才只對資產階級有利；中共和臺灣的統一才只對資產階級不利。然而這兩種情況却都是「虛構的」。政治行動必須放在現實的環境裏。而現實的環境却是：（一）中共仍然持有合併臺灣的意願，而且對臺灣的壓力愈來愈大（至少外交上是如此）；（二）以目前中共的政治和經濟情況而言，這項合併對臺灣所有的階級都是不利的。因此，在現實的歷史情況下，臺獨的主張和這項主張的政治、經濟後果，並非只對資產階級有利。至於在未來，這項主張將有利於那些階級，不利於那些階級，當然得視海峽兩邊的發展情況而定。在未來的、無可想像的某個歷史時刻，也許我們可以正確的說：臺獨運動是資產階級的運動。

既然如此，為什麼有人會說，臺獨運動只是資產階級的運動呢？該期『夏潮』的另外一篇文章，爲這個問題提供了部份解答。

## 主觀利益和解放難題

在以上對臺獨運動和階級利益的討論中，我們顯然是以客觀的基礎來定義階級利益。也就是說，不論臺灣的勞工階級或農民階級是否認識到臺獨符合他們的經濟利益，不論他們是否提出這項要求，我們仍然認爲臺獨符合其階級利益，因此不能將它視爲只是資產階級的運動。

而『夏潮』諸君將之認定爲資產階級運動，可能是以主觀的基礎來界定階級利益。也就是以各個階級實際所體認到的、所提出的要求爲階級利益。以這個基礎來界定階級利益是非常危險的。

趙定一先生在該期夏潮的一篇文章「追究臺灣一千八百萬人論」中說道：

中產階級的黨外……深知自己沒力量、勇氣和決心「保衞」臺灣，因此主要地向美國人以「一千八百萬人」的意願爲藉口，提出「自決」以「救臺灣」的口號。但大多數工人和社會裏中等以下人民，「自決」與否的問題，對他們來說比較上遠得很。他們比較關心的是自己當前生活的改善和保障。（頁十八）

也就是說，獨立或自決等問題不是勞工和中下階級所關心的。提出者只是中產階級，所以是中產階級的運動。

這種推論方式實在太危險了。我們知道，歐美的勞工階級是不要社會主義，只要工會主義和社會福利的。則依『夏潮』的推論，在歐美從事社會主義運動也不能算是勞工階級的運動，只能說是中產階級知識份子的運動。臺灣的勞工還不能認識到他們的基本權利，以及集體行動的必要性和正當性。則在臺灣從事工會運動，也不能算是勞工階級的運動了，而只能算是知識份子運動。

在馬克思主義的傳統中，從來就不以階級的主觀要求來定義階級利益。所以馬克思才有所謂「錯誤意識」：沒有階級意識的勞工不過是「一袋馬鈴薯」。所以才有列寧的職業革命家政黨論：因爲勞工階級自己只能發展出工會主義運動，不能發展出社會主義運動。也所以才有格蘭奇（A. Gramsci）的資產階級文化支配論：資本主義社會中的被壓迫階級，其思想和意識型態的各個層面都不可避免地受到統治階級思想的支配。

以上這些理論都假設，勞工階級實際上主觀所認定的利益，經常不是他們的眞正利益。從臺灣勞工階級的現有意識來看，也確實如此，可是『夏潮』諸君却據此來指稱，臺獨只是資產階級的運動。並且要求黨外遷就他們對「當前生活的改善和保障」之關心。

當然這不是說，黨外應該無顧於勞工階層的現實利益和要求，而只努力於提供一個讓勞工階層得以用集體方式保護其權益的民主架構。兩者並不必然衝突。我們只是要指出，以階級的主觀利益和要求，來定義運動的階級性格是非常不當的。

在這裏我們其實觸及一個難題，卽羣衆運動所說的「解放難題」（Paradox of Emancipation），如果正如馬克思主義的理論家所說的，羣衆和勞工階級經常不能認識其眞正利益，那麼從事政治運動者似乎只有兩個選擇。一是遷就羣衆的主觀願望，一是以運動領導者的意識型態強加於羣衆。如果遷就羣衆的主觀願望，那麼由於羣衆生活於既定的政治秩序之下，其意識已爲統治階級的思想型態所支配，遷就羣衆的主觀願望無異接受既定的政治、經濟秩序。那還談什麼解放？可是如果以運動領導者的意識型態強加在羣衆頭上，又會有產生暴政的危險。

這個兩難的問題，只有在行動中，透過運動和羣衆的互動過程加以解決。在此互動過程未完全成熟之前，界定運動的階級性格實在言之過早。

## 結語

因此，本文的目的並不在主張臺獨，也不在否定臺獨運動是資產階級運動。而在指出，做這種論定的人在思想上的怠惰。這種思想怠惰就推展運動也好，就批判政敵也好，都將毫無所獲。而如果除了怠惰之外，又加上輕佻，那麼這種團體的結局如何就很明顯了。

（原載一九八四年三月「臺灣年代」雜誌）

# 洗掉中國熱昏症的「科學」粧吧！

●黃連德

「臺灣意識」這個觀念在一九八三年夏天引起一陣（相對於「中國意識」）論爭之後（註①）又間接在年底的選舉引出「自決」主張的爭論。在沒有言論自由的環境裏，不容易談清楚敏感的論題。人民若不小心翼翼自我約束，統治者就會以暴力相對。「臺灣意識」之欲言又止，「自決」主張之橫遭禁制，正是實例。

然而，思想也是一種社會實存。統治者雖然可以鎮壓言論，却無法使思想以及其經社基礎消於無形。民間一羣

以『夏潮』爲代表的隱隱約約的左派（？）中國文化帝國主義者深深瞭解這個道理，所以他們要歪曲臺灣意識，

——「挾美、日以自重，……仰賴美、日外來勢力參預」

要詆毀臺灣意識，

——「依靠中產階級的反共、恐共心理，藉反共來推展反人性的種族主義，排外，歧視『他族』」

要否認臺灣意識，

——「他們（按指黨外）有一點焦急，有意廻避客觀現實，輕視歷史過程，而一心一意，一廂情願地把自己的『理念』、主觀願望道出來」。

『夏潮論壇』三月號以近三分之一的主要篇幅來攻擊臺灣意識，很符合他們一貫的「反臺」立場（註②）。既然他們這麼愼重其事地搬了一位史學教授作主將來批駁臺灣意識，肯定臺灣意識的人——例如筆者——當然願意仔細研讀，看看他們有什麼新論證可以讓我們深省（註③）。

很可惜，戴國煇和陳映眞二位先生所舉出的一些個別現象固然確有其事，他們據以所得出的結論——臺灣意識只是一小羣別有用心的福佬中產階級玩的政治魔術——却不見得合乎事實。『夏潮論壇』這個「特別企劃」再度顯示他們枉顧事實，不尊重臺灣人民，要把他們自己耽溺於其

中的關於中國的記憶和情結強枷在臺灣人民頸上。筆者雖沒有史學教授那麼大的學問，倒也看得出他的論證裏的破綻，現在把它指明於後，請『夏潮』人士參考。

## 「夏潮」反臺灣意識的論證

戴國煇的論證是這樣的：

1. 地方意識是否形成，與當地的資本主義發展是否成熟有關。

2. 地方意識和民族意識之有無也與主觀認同有關，而主觀認同之確立，往往要靠與外羣之衝突才成立，例如日本民族意識藉着甲午戰爭和日俄戰爭而培育穩固；中國民族意識則藉鴉片戰爭、辛亥革命和日本軍國主義的殘酷行徑而培育。

由於

3. 臺灣的資本主義尚未成熟，臺灣資產階級不僅在政治上少有代表人且沒有權力、沒有相對的發言權。

所以，臺灣意識的客觀條件不足。

又由於

4.山地青年、中壢一帶鄉下客家村莊、或外省退伍軍人以及下層窮困人家，不會同意臺灣的經濟社會生活和他們是共同體。

5.「龍的傳人」能在臺灣校園歌曲中保持它的長期地位。

6.臺灣人實際生活中有一種復古的趨向，譬如婚禮、拜拜的儀式，吃、住尤其是家具一類的樣式很多是採用古中國的傳統。

所以，臺灣意識的主觀認同條件也不足。

那麼，爲什麼在主觀、客觀都不成熟的情況下，有人要提臺灣意識甚至臺灣民族論呢？

因爲

7.一部份福佬中產階級有一種恐懼感，恐懼的是共產黨何時要過海來？一夜之間換旗幟的事會不會發生？更恐懼國共會不會和談？他們企圖以強調承認臺灣現狀來對抗中國大陸對臺灣的影響。

既然提臺灣意識的只是少數福佬中產階級，這個主張就有了下列流弊：

8.不求進步、少有自我批判、自我提昇層次、自我拓寬格局的態度，無論在學術上或思想邏輯上都是墮落的。

9.藉着提倡「臺灣意識」和「臺灣人意識」來轉化做「反華」的思想武裝……未免太霸氣了

，有強姦民意的味道。

10.挾美、日以自重，有仰賴美、日外來勢力參與的慣性。

11.若當前的臺灣民族論有實現的一天，高山諸族以及客家系人士將被剝奪了主張各自羣體自我的尊嚴與權利。

以上所舉就是戴國煇以及『夏潮』解剖「臺灣人意識與臺灣民族的虛相與眞相」的論證模式：臺灣意識沒有主、客觀基礎，所以是「虛」；而其「眞相」則是少數仰賴美日的、恐共的、反華的、法西斯的福佬中產階級所玩弄的政治魔術。

## 民族意識與資本主義有關？

這樣的論證如果要成立，必需假設（1.2.）成立，而且證據（3.4.5.6.）有效。根據人類社會發展的經驗，假設2.可以成立，假設1.則有問題。假設1.源自一種對西方民族國家形成的解釋。由於十八、九世紀在歐洲出現的民族國家之形成與資本主義在西歐之發達有密切的關係，一般西方左的或右的社會科學理論就把它當成通則來解釋近代國家之形成。事實上，第二次世界大戰以來，舊的帝國主義殖民圈崩潰以後出現的許多新興國家，其形成都和資本主義是否成熟無關。

戴國煇以及『夏潮』把這個假設用到臺灣來，是很有問題的。

卽使我們同意假設1.可以用在臺灣，戴國煇的證據3.也有問題。

戴國煇認爲臺灣的資本主義尚未成熟，而這成熟與否的標準要以資產階級在政治上有沒有權力來決定。這裏面有二個問題必需弄清楚：一、「資產階級在政治上有沒有權力」能否成爲資本主義成熟與否的標準？二、臺灣的資產階級究竟有沒有政治權力？

首先，「資本主義成熟的社會，資產階級必在政治上有權力」這個說法又是個源自西方社會的觀察。二次戰後在資本主義世界體系之半邊陲社會的資本主義發展，就不一定按照西方資本主義社會那種發展模式。在這些半邊陲的依屬性資本主義社會，其生產力之提高和生產關係之改變，基本上是由外資操縱的。當地統治者，或者繼承封建家族的統治遺產，或者憑武力奪權；一方面把老百姓壓得死死的，另一方面則與外資和外力合作，發展其附屬於中心國家的資本主義。在這些依屬性資本主義社會（例如巴西），資本家、中間階層、無產階級的羣體區別明顯存在（註④），經濟活動的分殊化(diversification)亦很發達（註⑤）。也許他們的資本主義還不像「模型」那麼標準——資產階級主政，要說它「不成熟」，恐怕就很難服人。

其實，資產階級是否有政治權力，是否有發言權是個很難憑着政府要員的人際關係這種表面現象來論斷的。戴國煇要以日本人的宦仕之途——他稱之爲「日本資本主義發達成熟後的議會民主政治的一種規律」——爲標準，來衡量臺灣的資本主義發展，恐怕必需先證明這種仕宦「規律」和資產階級政治權力之間的關係吧？

其次，由於國民黨統治集團的特異本質，它一方面干擾中小資本家的經營，另方面却又極力拉攏大資本家，給他們特權，讓他們享得到暴利。國民黨中常會裏本地資本家所佔比率不高，這也許是如戴先生所說的還沒有進入權力核心的管道，但去年底立委選舉，國民黨在各地推出的金牛陣代表什麼呢？勞動基準法草案到目前爲止討論審議的結果，究竟是把原草案改得偏向資方還是偏向勞方呢？我們姑且不談國民黨統治集團的官僚資本性格，臺灣的中央政府雖然還不像歐美資本主義國家那樣，有大羣資本家直接入閣主政，但上自增額國會議員，下至地方議會，早已都是本地資產階級的天下，戴先生難道毫無所知嗎？作爲本段結尾，也許我們該提一提，當今的經濟部長趙耀東就是個大資本家！

## 「夏潮」舉例不當

12. 檢驗過1.與3.之後，戴國煇以及「夏潮」想據以否定「臺灣意識有經社基礎之客觀條件」所用的論證顯然不能成立。

13.在主觀條件的部分，戴國煇所引的4.5.6.三個證據都是偏頗或者可疑的。

戴國煇說山地青年，中壢一帶鄉下客家村莊，或者外省退伍軍人以及下層窮困人家，不會同意臺灣的經濟社會生活和他們是共同體。這眞是驚人之論！難道這些人過去三十年來不是生活在臺灣嗎？如果他們和臺灣這個資本主義的經濟社會生活不是共同體，難道中國大陸那個社會主義社會才和他們是共同體嗎？既然戴先生「在日本生活」、「認同日本社會的現狀」、「有日本意識」，爲什麼前述這些在臺灣生活的人不會認同臺灣社會的現狀，不會有臺灣意識呢？

戴先生要我們探討爲何「龍的傳人」能保持長期地位，彷彿這是個很有深意的現象。這種建議當成個反諷的玩笑倒是不錯，要把它當眞，就顯得戴先生太不了解當前臺灣的統治者是怎麼搞文宣的。「龍的傳人」、「中華民國頌」、「梅花」、「小市民的心聲」、「天地一沙鷗」、「南海血書」……等等轟動流傳的原因無它，政治掛帥而已。

至於戴先生所舉之吃、住的復古趨向，少數幾個例子也許找得到，要成爲「趨向」，不但筆者不會聽聞，很瞭解資本主義大衆消費文化的陳映眞先生大概也不會同意吧？

從12.13.可知，戴國煇以及「夏潮」想要證明臺灣意識只是「虛相」的企圖是無法成功的。

# 臺灣意識的經社基礎

光是指出「夏潮」們的論證失敗，並不能就此證明臺灣意識之「實」。或許別人可以用另外一套論證來證明臺灣意識是「虛」也說不定？關於這一點，「生根」半月刊在臺灣意識與大中國意識論爭時曾經發表過二篇文章，分析臺灣的經社基礎與上層建築的關係——肯定⑴臺灣意識是臺灣人民經歷長期的整體經濟社會生活而產生；⑵臺灣統治階級因其特殊的「無根」性，自覺地、必然地以大中國意識來矛盾、來抑制臺灣意識，是多數「外省人」以及少數「本省人」不認同臺灣意識的主因。

由於這二篇文章已經分析得很清楚，用不着筆者多費筆墨，現把它們的主要部份抄錄下來作爲臺灣意識是「實」之論證：

「何謂臺灣現實意識（簡稱臺灣意識）呢？臺灣意識並不是與生俱來，並不是一個地理名詞的延伸，而是一定的社會、經濟發展下的產物。

「生於斯，長於斯，並不必然地構成一般人民的『共同意識』。以中國爲例，秦以至於明代前期，由於

洗掉中國熱昏症的「科學」粧吧！

自然經濟的分散狀態，漢人雖長期共同生活於中原之地，却始終沒有形成近代民族堅强的『共同意識』，因此封建割據、分裂的局面經常發生。反過來說，工商業發達的結果，往往打破一個地域中人民間不同血統、語言、文化的層層障礙，造成他們休戚與共互相依存的關係，而形成一個『共同意識』；例如明末以來的中國，被列强以砲艇槍彈强銷進去的資本主義經濟方式，漸漸地把滿漢等不同的族羣融合成了一個民族，他們的『共同意識』又與共同反抗侵略而大大地鞏固起來。

「一直到十九世紀中葉以前，封建的、小規模的農業生產並沒有在臺灣建立起一個全島性的經濟生活與社會生活。當時島上的居民聚落而居，在豪族支配之下，從事農業的開墾，商業的對象還只限於剩餘的農產物及其他極少數的財貨。這樣的自給自足的經濟狀態，使得他們殘餘的『泉州意識』、『漳州意識』或者『客家意識』遠勝於他們之間若有也極微弱的『臺灣意識』。那時島上漳、泉、客之間的各類械鬪經常發生，雖然有其他原因，但也反映了這個『共同意識』尚未建立起來的社會發展階段。

「日本據臺以後，爲了帝國的需要，在臺灣開始資本主義化的建設。一九〇〇—一九〇四年間統一了度量衡及幣制，一九二三年完成了南北縱貫公路，這些措施一方面促進了全島性企業的發展，另一方面也反映了臺灣社會及經濟活動整體化的程度。有了整體化的社會生活和經濟生活就必然地產生了全島性休戚與共的『臺灣意識』了。清據時代的各類械鬪，到了日據時代全部絕跡的事實，並不是日本警察鎮壓之功，而正是『臺灣意識』形成的反映。臺灣人的抗日運動由『恭奉正朔，遙作屛藩』的『臺灣民主國』，到各地零散的武力抗爭，到一九二〇年以後本土意識高漲的『文化協會』、『臺灣民衆黨』、『農民組合』等民族運動，充分地顯示出在社會整合過程中，『臺灣意識』的形成與鞏固。」

「第二次戰後的政治局勢並沒有改變這個全島整合的趨勢。一九四九年前後來臺的大陸人士，不論其主觀願望如何，終究是在這塊土地上長期生存、活動、衰老或者成長的。他們面對着一個客觀存在着的社會經濟體——臺灣人民——是要自外於它呢？還是要進入其中？答案是極其明顯的。而到今天爲止的臺灣歷史也證明了這一點：大陸人（讓我們暫時使用這個不很正確的名辭吧！）並不能自外於臺灣社會而形成一個個別的社會經濟活動範圍的，他們別無選擇只能進入其中，與臺灣社會融成一體，成爲臺灣人。六十年代以來的工業發展，使得這個必然的趨向更加不可抗逆。」（註⑥）

「三十年來，大陸籍人士（上自國民黨統治集團，下至一般大陸籍人士，如清苦貧困的軍公敎人員）和臺籍人士的經濟關係，已經犬牙交錯，互爲依存，不可分割。大陸籍人士不是沒有意識到他們的命運是和那個客觀存在的社會經濟體共存亡，他們也知道不能自外於臺灣社會而形成一個個別的社會經濟活動範圍。可是，爲什麼同一的經濟基礎却反映了內容相爲矛盾的兩個上層建築呢？爲什麼沒有形成一個共同意識？」

「在這個共同社會經濟體中存在着被統治的兩個階級。……」

「正是統治與被統治的階級差異，規範了意識型態上的內容差異。……」

「統治階級與被統治階級的矛盾是多面的，要鞏固經濟、政治、文化種種各層面的既得利益，必須要鞏固意識鬪爭的戰場。國民黨集團三十年來，是有組織、有計劃，全面毫不鬆懈地控制、推動這方面的工作。由日常生活上的廣播電視節目，到教育界上的一切教科書標準本，到文化界的一切出版刊物、藝術等等，全

洗掉中國熱昏症的「科學」粧吧！

都在搞『中華民族沙文主義』意識的灌輸。國民黨統治集團是執着於中華民族意識的。在這個中華民族意識掛帥之下居於統治階級的大陸籍人士，不是我們可去單相思地說他們是臺灣人或不是臺灣人。這個力量無與倫比的中華民族意識，掃蕩了三十年的共同經濟活動基礎，扭曲了那種基礎所應發展出來的趨勢。統治集團維護本身的既得利益我們是可以理解的，那麼我們就應該較爲具體的指出，他們並不是不自覺地在那裏『意識落後於存在』，相反的那是自覺的、必然的以一種意識來矛盾另一種意識，以一種意識來抑制另一種意識。然而大陸籍的一般清苦貧困的軍、公、敎界人士呢？他們雖然不是統治階級，但由於他們的邊際角色，使得他們在意識上和統治者走在一伙。大陸來臺的那一代人，他們心懷大陸故土是很自然的現象。臺灣出生長大的這一輩『外省人』，除了因爲家庭背景，容易接受統治集團灌輸的中華沙文思想之外，再加上統治集團施予的一些小恩小惠（例如高普考的各省保障名額），當然也就一面沾沾自得，高唱『龍的傳人』，一面唸着『父祖之國』咒，反對臺灣意識。」（註⑦）

## 爭論的關鍵在於主觀認同

看到這裏，讀者可以很快發現：戴國煇及『夏潮』和筆者所引之『生根』的文章，都是用唯物史觀在解釋臺灣經社結構與上層意識的關係。既然如此，如果我們同意唯物史觀的解釋有效，而臺灣這個經社實體又只有這麼一個，爲什麼雙方會得出截然相反的結論呢？基本上，筆者不認爲論爭雙方對於臺灣經社現實之認定有什麼大差異。眞正的問題在於雙方對臺灣人民的歷史經驗有很不同的闡釋。

陳樹鴻與葉阿明二位先生在闡明臺灣意識的時候，都很清楚地把臺灣人民從十九世紀到目前所遭遇的政治、經濟、文化上的壓迫和臺灣資本主義發展聯在一齊，也就是基於客觀現實發展與主觀的我羣認同之互動關係而來證明臺灣意識之「實」。

戴國煇先生算是比較客氣一點，他一方面知道地方或民族意識之主觀認同多起自我羣與他羣的衝突（見假設2.），也知道臺灣人民的歷史經驗裏，一直都有這種衝突，不得不說：

「我個人並不反對臺灣人意識的培育與成熟」。

「無論理由是反共或恐共，爲了抵抗中共的力量渡過臺灣海峽，是可以主張『臺灣意識』的」。

「如果作爲全體的『臺灣人』（她的整合概念已成熟爲前提）能够眞正樹立『羣體自我』的尊嚴和獨立自主性……眞正能依據羣衆的草根性，挺直脊骨，力求自我提升層次，擴大格局的話，再過五十年，一百年或許有可能把『臺灣民族』培育起來也說不定」。

另一方面，由於他主觀上認同於大中國，又故意輕描淡寫地把臺灣人民受到的壓迫說成：

「因爲中國地方大，在歷史發展的過程中，本來就具有的地方特性會造成矛盾或衝突，這個問題是可以由時間來沖淡的」。

一個當然沒有臺灣意識的人（戴國煇在日本生活，自承有日本意識）會說出這樣的話，毋寧是很自然的，我們不必深究。至於那些在臺灣住了卅多年的「夏潮」人士又有什麼好說辭能抹殺臺灣人的歷史經驗呢？用陳映眞爲例吧，他說：

「我的立場很明白。我認同的是歷史的、文化的、人民的中國。」

歷史的、文化的、人民的中國？

那麼，歷史的、文化的、人民的臺灣到那裏去了？

據說：在過去

「『臺灣立場』的最起初的意義，毋寧只具有地理學的意義。它在近代的、統一的中國民族運動產生之前，相應於中國自給自足的，以農業和手工業爲基礎的中國社會經濟條件，而普遍存在於中國各地。」（註⑨）

在當代，由於一種

「深遠、複雜的文化和歷史上一切有關中國的概念和情感」「是經過幾千年的發展，成爲一整個民族全體的記憶和情結，深深地滲透到中國人的血液中，從而遠遠地超越了在悠遠的歷史中只不過一朝一代的任何過去和現在的政治權力。」

所以，「臺灣·臺灣人」意識，雖然不是空想的，「它有現實的，物質的，甚至島內和國際文化和政治的條件」，仍然是幼稚、可同情的「錯誤」。只要「向着更寬濶的歷史視野擴大……自然在巨視中變得微小」（註⑩）

果然，「臺灣」「臺灣人」和「臺灣意識」在「夏潮」人士巨視的眼裏不只微小，根本就是空虛！

從以上的比較分析來看，「夏潮」人士與主張臺灣意識者的差別，其實不在於如何闡釋客觀

洗掉中國熱昏症的「科學」粧吧！

現實，而在於各自的主觀認同，至於各自的主觀認同，何者比較接近臺灣人民的歷史經驗也就很明白了。

## 濫用唯物史觀，否定人民權利

『夏潮』人士既然這麼唯心地無視於臺灣經社發展的歷史獨特性，也就大可不必運用唯物史觀來分析臺灣的資本主義啦、階級啦、買辦啦，然後又要臺灣人民通過反帝啦、民族解放啦，來消失入中國民族。借用陳映眞先生的話，這豈不正是「雖然借用歷史唯物論的語言，却發展成極爲唯心論的東西」？

用唯物史觀分析現象，是不可能「發展成極爲唯心論的東西」的。『夏潮』人士是先有了一個唯心論的框框——中國民族主義，然後「借用歷史唯物論的語言」來裝飾他們的東西。

再以陳映眞爲例，他很喜歡分析臺灣的階級結構，筆者大致上也同意他對臺灣階級之組成與特性的描述。但是他把階級矛盾無限擴張，否定社會裏有其它性質的矛盾，並依此而否認臺灣意識之存在就出問題了。因爲：

一、他的泛階級矛盾論推演下去，必然要面對一個問題：到底那一種階級劃分是臺灣社會最基本的階級劃分？在他的言論裏，已經出現過「省籍矛盾」、「統治階級」、「被統治階級」、「資產階級」、「無產階級」。我們能不能問：這二種階級矛盾再加上「省籍矛盾」應該統一於那一種階級矛盾？如果他認爲這有過於簡化現實之嫌，那麼，當臺灣社會已經出現了（相對於中國意識的）臺灣意識，並且隱然成爲一股政治力量的主將時，硬要用「階級矛盾」去消化它，豈不是把社會現實簡化得離譜了嗎？

二、既然陳映眞認爲臺灣社會的矛盾源自階級差異以及帝國主義的剝削；而根據陳映眞一向的言論，他喜歡一個沒有階級矛盾的，以人民的觀點爲前提的自由、民主社會。那麼，從左派立場來看，陳先生（註⑪）主張放棄地方性的臺灣意識，而以消除階級壓迫和反帝爲努力目標似乎是正確的。但如果眞是這樣，陳映眞及「夏潮」人士爲什麼又不能拋棄中國意識呢？難道中國意識相對於世界意識就不是一種地方意識嗎？

說穿了，「科學的」階級分析是假，「深深地瑟縮在心中奧遠處的記憶和情感」才是他們反對臺灣意識的主因。基於尊重個人的情感認同，筆者不願用「當爲一個主觀的政治偏見服務時，被惡用的歷史唯物論，是多麼幼稚、可笑」這樣的話來指責他們。但請他們在不論是用左派還是右派的觀點來改造世界時，千萬不要執着於一組與特定的經濟社會體之人民的現實需求以及歷史經驗都不符合的記憶和情感，來否定當地人民自己決定其政治身份的權利，因爲那無論如何都不能算是尊重人民的觀點。

臺灣人民既然早已看破並超越了統治者編造的「××××」神話，當然也不會被一小羣遠離民衆的人文所編織的另一套與統治者異曲同工的神話所蠱惑。「臺灣・臺灣人意識」以及「臺灣民族論」的出現，正顯示了臺灣人民活潑、進取的前瞻個性！

**註釋：**

1. 請參閱『生根』半月刋12、14、15各期，以及『前進』週刋12、13、14、15、16各期。
2. 筆者在此學他們對「臺灣意識」的誤解（亦或栽贓？）──「反華」──來開個玩笑。
3. 按照戴國煇的說法，①臺灣（居民）意識、②臺灣人意識以及③臺灣民族意識這三者有發生上的先後次序。前二者在某個程度上有重疊模糊之處，但必需是臺灣民族意識的前提。筆者大致同意戴先生的分法。①與②的重疊處，是因爲外來人與本地人在經社層面或政治層面的認同各有不同的前後次序。戴先生認爲目前臺灣意識的形成條件還不成熟，當然更不必談「臺灣民族」了；但他並不堅決反對「臺灣・臺灣人意識」或「臺灣民族」。「夏潮」人士在某個程度上可以接受臺灣意識，但也認爲它的條件目前尚未成熟；至於「臺灣人意識」和「臺灣民族」，他們則堅決反對。筆者贊成「臺灣・臺灣人意識」，也認爲它的形成條件已經成熟。至於「臺灣民族」的提出，筆者認爲沒有必要，但不反對。
4. 巴西一九七〇年的所得分佈，最高收入的百分之五人口擁有全國收入的百分之三六・三，最低收入的百分之八十人口則僅擁有全國收入的百分之三六・八。

5.巴西一九六九年勞動人口分佈：

初級部門（農業爲主）：百分之四三，

次級部門（製造、建築等工業）：百分之一九，

第三級部門（服務業爲主）：百分之三八。

各部門所佔全國生產毛額的比率分別是：

農：百分之一五・三，工：百分之三三・三，服務：百分之五一・五。

6.陳樹鴻：「臺灣意識——黨外民主運動的基石」。「生根」半月刊第12期。

7.葉阿明：「意識與存在——再論臺灣意識」。「生根」半月刊第15期。

8.博觀出版社新近出版的「瓦解的帝國」一書，在臺灣人的歷史經驗這方面有很好的資料與闡釋。

9.陳映眞：「鄉土文學的盲點」。「臺灣文藝」一九七七年六月。

10.陳映眞：「向着更寬廣的歷史視野」。「前進」週刊第12期。一九八三年六月十八日。

11.陳映眞也許不願意承認自己是左派，但從他一向的言論來看，把他歸類入左派應屬恰當。

（原載一九八四年三月「臺灣年代」雜誌）

# 「夏潮論壇」反「台灣人意識」論的崩解

林濁水

在這一次『夏潮』反「臺灣意識」、反「臺灣人意識」的一系列專輯文章中，在日本的戴國煇是一個比較能清晰地根據現代意義的國家、民族觀念而提出對中國・中國民族意識和臺灣・臺灣人、臺灣民族意識的有系統看法的人。但是可能『夏潮』所登的兩篇介紹戴氏想法的文章都是談話錄，不是嚴謹的論文，因此文章中並未把他環繞「系統」的各論點間作嚴格的邏輯組織，對「系統」中各論點的邏輯可能性也未清楚地推演，容易引起誤用。因此本文將就其中四點試加以推演並提出若干質疑。

## 在臺灣的中國意識成熟嗎？

一、戴氏提出民族主義成立可能依據的條件有二。其一是馬克思論主張的「民族主義」的成熟要靠資產階級的成熟來形成；其二是在資本主義不成熟的條件下可以靠外來族羣接觸的強烈對立面來誘發。依此戴氏說，中國大陸的「中國意識」、「中華民族意識」在辛亥革命時才有大規模的萌芽，但仍未成形。中國意識要直到二十世紀二十年代以後中日大戰才發展成形，換句話說就是以日本侵略爲對立面，被動地發展成功的。那麼，在中國意識這樣融鑄成形的期間，臺灣文化方面仍有極大部份中國傳統的殘留，但是在政、社、經乃至文化方面則和中國隔絕而另成單元，且以極爲不同的速率單獨發展。當時整個社會固然有自己的反日運動，而且，也有知識份子如蔣渭水企圖以「祖國意識」動員抗日運動，但是一則其對社會和羣衆動員的深度和廣度比起中國辛亥革命有不足，更不用比較中日八年大戰了。二則在蔣渭水提倡「祖國意識」以抗日時，提倡「臺灣意識」以抗日的顯然更爲盛行，其中尤以到後期運動最激烈的左翼抗日團體爲然。有人以爲他們提倡臺灣意識是要包裝祖國意識，但是，左翼的臺灣意識出之於內部文件，顯無包裝之意。

而且在戰後，逃共的謝雪紅，甚至以「地方民族主義」之名慘遭批鬪。同樣以日本爲對立面，中中國大陸從未有人如臺灣知識份子提倡「臺灣意識」般提倡「上海意識」、「廣東意識」的（重慶精神雖提出，但其意涵全然不同）。況且當時極少數在「祖國意識」動員之下，西渡中國大陸的，和中國社會多格格不入，遂有「亞細亞孤兒意識」、「白薯意識」的產生。由於這些複雜的因素的干擾，換句話在臺灣，日本的對立面的產品有多樣的可能性，不像中國大陸的漢人世界只有單一的可能性。若此，依戴氏理論，則直到戰後，中國意識在臺灣是否能如中國大陸，依「對立面」而形成實大有問題。

從而在臺灣的中國意識則只可能依靠戴氏所說的另一條路來形成，那就是依賴「資產階級的成熟」來形成，但是依戴氏的認定，臺灣的資產階級並未成熟，所以他才說「臺灣民族主義」甚至臺灣人意識若要成熟，要看臺灣資產階級的進一步成熟才行。依戴氏所說既然資產階級還沒成熟，民族意識不能形成，那麼這一個命題不應該只適合於臺灣人意識，也應適用於在臺灣的中國意識才好。

## 中國意識與爲國民黨的鷹犬

戰後臺灣人社會中「中國人意識」的弱質和「臺灣人意識」的殘留，乃至如少年胡志明「皇民意識」不幸的殘留，各種意識既雜然現呈，再加上二二八，乃至政治、職業的特殊安排，必然對此後族羣意識和政治結構間產生極複雜而不易清理的變化。此外，戰後和大陸的政治乃至資訊的隔絕，使臺灣島上各階層絕大多數的人，從事現代化大型經濟、政治、社會乃至文化活動時都無法不在假設臺灣爲一完整實體的意識下去進行，相反的如果設想臺灣與大陸爲一完整單元，則其諸般變項的內涵完全無法把握，必導致行動上的無能或義理的扭曲，此在國民黨的外交和內政政策上顯得特別的明顯，而反「臺灣意識」論者爲堅持其立場，乃不得不在外交內政許多關鍵上爲國民黨曲意辯護，此卽如陳鼓應的反「全面改選論」，『夏潮』的反「一千八百萬人論」，日據時代臺灣人不能學文法科學，國民黨無省籍歧視論，凡此均使戰後「臺灣、臺灣人」意識的發展不僅決非如戴氏所說的以「恐共」兩字可以簡單化的。甚且還是左右兩翼大中國意識論者合作的反「臺灣意識」論所激成功的。此其一。

其次，戴氏固然以爲戰後在臺灣，「臺灣、臺灣人」意識發展的社經條件迄今極爲欠缺，故所謂「臺灣人意識」極不成熟，然則原未成熟的「中國人意識」的成熟度又如何？其發展究竟依賴國民黨政治社會化或是社經條件？「中、臺」兩種意識的表達在目前非民主體制之下如何測度？同時在沒有強度社經基礎和強度外來對立面誘發之下，強制性的政治社會化在社會上造的意識是否有其「虛相」之虞。這一點戴氏應交代，而未有交代。

## 社區認同與族羣認同混爲一談

二、戴氏區分臺灣意識和臺灣人意識爲社區認同和族羣認同。在「對談」中說因爲他在日本，認同日本社會希望其繼續發展，故有「日本意識」或「日本居民意識」，但沒有「日本人意識」。戴氏這一區分頗有階段性意義。因爲社區生活牽涉到許多強制性義務的法律關係，一個外來者如沒有社區認同，除非他是外來統治者，否則無法和土著過有秩序的生活。但族羣認同是爲文化、情感的歸屬，不應強制。若這說法不錯，戴國煇在另一篇演講中却又混同「情感」和權利義務的層次，而說出相反的話來。他說強跟大陸人士或大陸人士的後裔認同臺灣是「強姦」的作法，則屬費解。蓋強迫認同「臺灣人」族羣固然是「情感」層次的強迫可謂「強姦」，但認同「臺灣」則屬權利義務的強制不涉情感，應與「強姦」無關。

其次，剝削外省人的「大陸人」認同，固屬不該，但是道德的起碼條件是能爲人易地相處地設想。若此，則予「臺灣人」意識的人以嚴厲道德定罪，意圖消除其族羣認同實難站得住脚。這樣的行爲戴氏顯然吝於譴責。

## 上、下位概念的橫暴性

三、戴氏認為臺灣客裔和福佬裔應該合起來發展出健康的「臺灣人意識」。然而再向前看，臺灣人意識的進一步發展是什麼呢？戴氏一方面認為假設臺灣的局面維持不變，環繞臺灣的客觀環境也不變，則「臺灣人意識」可以做「臺灣民族」的前提。另一面戴氏顯然又認為「臺灣人意識」最好定位為「中華民族」意識的下位概念。前者顯然純就可能性而言，後者則就其個人期望而言。戴氏又認為琉球民族是日本民族的下位概念，若此，一個民族可以有下位民族了。但是做為中華民族意識的下位意識的臺灣人意識，將成為一個如同琉球之於日本的下位民族呢？亦卽如藏人之於中國人呢？還是如山東人之於中華民族？其發展可能涉及主客觀條件的變化。戴氏並未論及。

同時在理論結構上更須釐淸的是，其上下位層級的建立是因臺灣人意志在一定的社經條件下向「上」發展的結果；還是如同國民黨理論家說的是「漢族」的文化遺產和血統向「下」延伸的結果？如係前者則其社經，乃至政治條件如何配合？如果是後者，則將發生兩個理論上的困難。其一，就血統而言福佬主要血統應為百越民族，並非一般所謂中原南遷的「純漢族」，其證據除歷史文獻的記載外，可由語言特性看出，福佬話有「白話音」「文言音」之別，許多白話音無法寫成漢字，且和目前越南話同音，據現代語言學研究，認爲白話音形成於秦漢之前，而文言音則唐以後才傳入。若此，白話音應屬福佬原始語，而文言則由漢人統治者和移民引入。以一劣勢文化對抗優勢文化，而語音仍能殘存兩千年之久，人數之優勢可能是其主因。至於客家血統，根據客家名學者羅香林研究結果推論，其血統可能畲族並不少於中原漢族。（羅香林認爲，客人由中原南遷時，男佔十之八、九，女佔十之一、二，故多娶土著；其次客人與畲族雜居，畲族多有同化成客者）畲族亦爲百越民族之一，因此，若上下位概念是由血統起源向下延伸，則福、客，尤其是福佬人，應和越南人同爲越族的下位概念，而非漢族。若言文化，因語言殘留，福佬之爲越族下位概念仍可部份成立。

其二，由起源之論，係戴氏所謂向後找歷史證據，與戴氏前所謂「民族國家論」，民族是向前發展出來，而非超時間存在的理論相矛盾。

把「臺灣人」意識當做「中華民族」意識的下位概念，尚與中華民族意識在臺灣是否成熟的問題有關連。若中華民族意識已成熟，則臺灣人意識是在中華民族意識之中再求其特殊化的發展。若無，則要特殊發展必肯定有主客觀誘發條件的存在，否則僅由臺灣福佬人連合福建海南島福佬，臺灣客家連合廣東江西各地客家形成客家意識就可以了。如此則戴比所謂「健康的臺灣人」

意識既無必要，也不可能。

但戴氏既提出「健康的臺灣人意識」，則其預設的誘發條件爲何？若誘發條件果眞存在，而多元的特殊性又應肯定，那麼特異性的發展若無法西斯政治力有效的強制，其自然發展的遠度勢將無法限制。同意羅香林說法，認爲客家族羣是由中原南遷，並在南遷之際特殊化發展而成，（如語音雖保存很多古音，但亦已和中原古語有極大不同而自成一系。一般而論客語眞正定型乃在宋代之事。）則客語特殊性持續發展，客文的產生並非不能，如孽海花之文字現已非一般學「普通話文」的人所能理解，又如香港報紙用語，已有許多不同於普通話之處。事實上漢語中各「方言」之歧異，如下江官話與粵語，其間差異早已超過如英、德、瑞典之差異。若方言再自然形成文字，則所謂維持「大一統」的上位概念將趨於空洞。

觀諸現在臺灣意識雖未全面成熟，但却無可否認其至少已超過如戴氏所說中國人意識在鴉片戰爭後呈現的「斑點」存在狀況，且此臺灣意識是否以「中國結」爲上位觀念大成問題，故在臺灣之「中華民族意識」仍應以不全面成熟論。若依此現實再衡量前二段所述，中國意識向下延伸發展爲臺灣人意識論的理論困難，則戴氏所謂臺灣的「中國意識」、「中華民族意識」做爲臺灣人概念的上位概念之成立，應和與非「中國結」的「臺灣民族」概念之成立，同爲「向前探討」、「向前發展」的概念才對；進一步言，至於孰者的優勢，則看主客觀條件的變化，而無命定的方向。故依此而論，如向後追尋則臺灣早期觀念模糊的傳統漢族意識（以在日據時仍未剪去辮子可爲證）只能是臺灣人意識的「前行概念」而非「上位概念」。這就類似可以將「越族」當「福佬人」的前行民族一樣有延續關係，而無位階高下。此一邏輯的必然性，戴氏未論，易生混淆，以致將戴氏意願上「應然」的上下位意識之建立當做一歷史的必然。以中國意識爲上位概念的臺灣人意識，顯然要調整前述的臺海分隔的外在條件，那麼，戴氏認爲要把目前這一分隔的局面調整成什麼樣的狀態，而這一狀態又不傷害臺灣人民的利益呢？

## 提倡國民意識較健康

四、做爲「五族」上位民族的「中華民族」意識，固由國民黨領導提倡，在近代中國大陸的漢族中發展成熟，但是由於各中國境內的弱小民族的抗拒，使專横如中共者都不得不放棄，而改稱中國爲多民族國家並發展出「大民族主義——地方民族主義」對立論的特殊理論，以鞏固政權。

如認爲中國各族在民族的意義上融鑄成中華民族，則在學術上很難處理族跨中蘇兩境的哈薩克、維吾爾，和族跨中蘇蒙三國的蒙族的學術問題。同時在政治亦不見得是明智。所以似應放棄承自國民黨的國族論，在中國改採用「中國人」國民意識以凝聚政權較好。

## 結語

經過前述各項命題的邏輯推演，可知戴氏的民族觀是相對性。『夏潮』引用戴氏的談話錄，只看到其對黨外目前「臺灣意識」的主張的批評，比『夏潮』更成系統，但却不知戴氏在批評黨外的同時，也動搖了『夏潮』「大中國意識」的絕對性，使『夏潮』所謂「臺灣意識何所用哉」的指控顯得軟弱無力。同時由於戴氏的說法較具系統，較具人道精神且較合學術和史實，故使『夏潮』的「絕對中國意識」、「絕對道德、事實論」的立場完全崩解。至於戴氏理論中矛盾之處的進一步討論，以及對歷史的怪異解釋則不在本文討論之列。

（原載一九八四年三月「臺灣年代」雜誌）

# 台灣歷史意識問題

●高伊哥

去年五月，我在『生根』半月刊第八期開始寫關於臺灣史的專欄，第一篇的「後藤新平」就引起一場小風波，被幾位朋友批鬪一番，但並未像戴國煇先生所誇大描述爲「高文一出」，臺灣內部的黨外雜誌顯然吹起一陣『狂風』與『反狂風』。誠如戴先生所指出，爭議的焦點在於我的副標題——「臺灣現代化的奠基者」。

我在文中一面描述後藤新平如何推展他的生物學原則殖民統治政策，如何一方面以屠殺及鎭壓反抗；另一方面則以建立更有效的公共行政、衞生設施、交通系統等來提高被統治者的生活水平，安撫順民的被統治心態。並陳述後藤新平如何推展土地調查、籍貫調查、了解臺灣實情、建立警察制度，以及發揚光大清代留下的保甲惡制以控制人民，奠定殖民地統治的基礎工事。

最後，我沉重地指出「臺灣人被迫學習現代化，所付出的是被剝削和被壓迫的血淚代價」。我所以沒有用一種情緒性的字眼，站在「民族」大義來痛批後藤，毋庸是要檢討當時統治者如何利用臺灣人的弱點——怕死、愛錢、重面子，以及我們的歷史如何發展。但在現實的環境下，不願引起不必要的被「技術性干擾」，準備寫的也就停下來了。

然而，却沒想到戴先生遠在美國，不但痛批我一頓，也順便戴我一頂大帽子——「臺獨意識」，把歷史和政治混爲一談！明知我不能與其當面理論，傲慢地假借「被殖民心態」、「島氣」。堂皇的名詞，非把我打下十八層地獄鬪臭鬪垮不可。

現在，『夏潮論壇』舊事重提，我嚴肅且鄭重地回答。

我研究臺灣史的基本態度有三點：卽以全世界的歷史發展爲視野、以臺灣本土爲依歸、重新探討帝國主義對臺灣以及第三世界的正負兩面影響及功過。

# 以全世界的歷史發展爲視野

臺灣島位於太平洋上，數百年來（至少從十七世紀起）一直被世界潮流所沖擊；一波又一波的帝國主義，伴隨着近代的武器及先進的制度無情地壓迫與剝削這塊土地。荷蘭人爲何占領臺灣？西班牙人如何登陸三貂角？日本海盜又如何與荷蘭人爭奪臺灣的貿易霸權？鄭成功如何占領臺灣？清朝如何殖民？日本如何統治這塊土地？這一切都只有從世界近代史上去找出歷史的脈絡，再研究這些國家的歷史，就可以清楚的浮現臺灣史的第一面。

我一再強調：要了解臺灣史就先得了解世界史、中國史及日本史，才能掌握臺灣史與世界的關聯。戴先生指責我「不願把自己的臺灣的位置」定位在世界地圖、亞洲地圖，最重要的，就是沒定位在「全中國的地圖」來瞄一瞄，來思考我們的歷史地位。我和黨外人士被他輕視爲「島氣」。正如戴先生在「清末臺灣的一個考察」大作中，指責日本的研究臺灣方面學者，「欠缺把臺灣和中國的動態結合，或由中國的動態去把握臺灣的態度」（頁3）

對於戴先生熱愛「中國」（到底是「歷史的祖國」或者現在的「共產中國」？）的心態，本人絕對尊重，但是我堅持以全世界歷史動態爲研究臺灣史的視野。因爲臺灣的歷史發展就是四百年來受到外來帝國主義的壓迫及反抗，被迫妥協、被出賣的血淚史實。

我反對將臺灣近代史硬套入中國歷史的小框框裏頭，硬把十九世紀中清代的中國人民受西方列強的壓迫，和臺灣人民被出賣給日本的史實混為一談，迴避清朝和日本爭奪控制朝鮮而戰敗的事實。甚至，更在中國歷史上胡找些紀載（如三國時代「夷州」、隋代朱寬曾征服臺灣）。更近的如元、明，其統治力只到現在的澎湖，後人就沾沾自喜地以為臺灣老早就屬於中國（到清朝的雍正帝還說：「臺灣地方，自古未屬中國，皇考—指康熙帝—聖略神威，取人版圖」呢！）

如此不但侮辱四百年來在這塊土地開拓的漢人難民及移民，並且蔑視先住民——平埔族和高山族的存在，完全是一種中華沙文主義心態，並為中共帝國主義併吞臺灣的野心尋找歷史根據。

臺灣歷史的發展，外有帝國主義一波一波地侵略；內有漢人及平埔族、高山族的爭取生存空間鬪爭，以及漢人又分為福佬、客家人的鬪爭，一幕幕演不完的悲劇，都提供統治者最有利的控制條件。我們正當沉思歷史發展、企求擺脫被殖民的夢魘之際，卻被無情地視為「焦急」、「有意迴避客觀現實、輕視歷史過程」。

當二十世紀初，世界各殖民地紛紛掙脫帝國主義枷鎖時，為何我們的祖先仍在封建、認命、安份的畏縮心態下裹足不前呢？為什麼我們不能拿鄰近的朝鮮、菲律賓、越南人來比，以及非洲、拉丁美洲人民的反帝、反封建歷史來比照，一定「只得」（這是倫理式的教條）和清末的中國動向聯在一起（只因爲清朝統治過臺灣？）而那時候臺灣早已被日本統治二、三十年呢！

如此霸道的「天朝」史觀，就可以拿來送給英國人，伊麗莎白女王大可以此史觀指責「英僑」雷根及其祖先的「美獨叛國思想」；也可以送給中共，指責澳門的廣東人不知推翻葡萄牙人，重歸祖國懷抱；也可以痛責新加坡的李光耀，居然膽敢另建一國。

## 以臺灣本土爲依歸

美麗島上的原住民是住在平地的平埔族，和散居山區的高山族，同屬於馬來族的一支。戴先生却要硬指派他們是中國南方苗族的支流，以此證明先住民該爲中國（或者中國文化）所統治。

荷據時代來臺灣開墾的漢人移民都是佃農，鄭氏時代閩、粵的移民才大量湧入。但在清朝統治的二一三年間，幾乎有一九〇年厲行封山海禁，不准移民臺灣，其目的在防止這塊土地上的亂民「造反」。

這筆濫帳算不清，但漢人如何欺壓和同化平埔族、如何和高山族爭奪生存空間、又如何分漳泉拚、閩粵拚的歷史，才是臺灣史的內容。惟有站在這塊土地上思索，才能尋出歷史的軌跡。

對於現代的臺灣人而言，不論他是福佬人、客家人、高山族，以及大多數早被同化而僅少數還保持原貌的平埔族，數百年的種族鬪爭史不必廻避，也不必刻意分化，造成彼此的敵視。這三個種族數百年來都共同面臨一個接一個外來「頭家」的殘酷統治，而在共同的命運下，認同這塊土地上的社會＝經濟共同體，一起創造歷史、繁衍子孫。

這個雜揉着漢文化、日本文化及馬來文化的社經共同體，在外來帝國主義的侵略壓力下逐漸成長，並隨着統治力的轉換而變動。這就是臺灣歷史發展的客觀條件。認同這塊土地，以臺灣人自居，就是主觀的臺灣歷史意識。

在此，我尊重戴先生以客家人自居的「純正血統」歷史意識，但也同時請他尊重別人主觀的歷史意願！福佬人和客家人通婚所生下的下一代，不是臺灣人嗎？（請戴先生研究桃、竹、苗的現況）臺灣的漢人後代裏頭有多少平埔族的血統呢？

戴先生主觀地以爲：客家人爲臺灣人的「下位意識」，也就是承認客家人和福佬人同屬「臺灣人」。我們也反對「福佬沙文主義」，這個字眼是否有如戴先生所那麼強烈譴責的呢？又爲何必須在「臺灣人」之上，必然地有「中華意識」存在？那麼平埔族、高山族和漢人的混血後代又該認同誰呢？爲什麼必須以這種「上位意識」強壓自己的同胞？

研究臺灣史，以全世界的歷史爲視野，用寬濶的胸襟去理解全人類的發展史實，但要站在這塊土地爲出發點，從臺灣出發，又回歸到臺灣，才能把握臺灣史的內涵。

同樣是後進、落後地區，臺灣島和亞、非、拉三洲的人民同樣受到歐美、日帝國主義先進國的殖民及剝削。那麼，這個「反帝」（這是『夏潮』諸君最愛用的詞彙）鬪爭難道不也是全世界歷史的一部份，而「必須」、「只能」屬於「中國」的反帝鬪爭一環嗎？

在這塊土地上的人民，對鄭成功、清朝、日本人都一樣是被殖民者、被剝削者。當我陳述日本人在臺灣現代（或用日本人的口氣——近代）社會、經濟及文化的影響史實時，戴先生居然用強烈的道德譴責、怒斥我，甚至全體臺灣人上一代（因爲都接受過日本統治）爲「被殖民心態」。

戴先生在「清末臺灣的一個考察」大作上，證明日本統治的前十多年，臺灣就已經「近代化」，因爲沈葆楨、劉銘傳推行洋務運動，並且當時臺灣的商人已經走上資本主義的萌芽階段。後藤新平爲剝削臺灣經濟而推行現代化、劉銘傳爲保護中國東南而推行洋務，兩者的出發點都不是爲臺灣人民設想！

後藤鎮壓臺灣人，屠殺反抗者數千；而劉銘傳開山撫蕃，濫殺「生蕃」，並在丈量土地時激起施九緞反亂。前者如果是劊子手，後者難道配稱爲臺灣的大恩人嗎？

清朝對臺灣的統治，也是帝國主義的經濟剝削；臺灣的田賦比內地多三倍，又不准開發土地，却要求每年以大量米糧供應福建省，這和日本的剝削有何差別？

十九世紀末，臺灣開港，英國帝國主義經濟侵入，茶、糖、樟腦的外銷被英國人控制，其商業資本而且滲透臺灣的農村。由香港的英國銀行透過厦門、廣州的中國買辦、豪商手中，貸款給臺灣的商人及佃農，瓦解臺灣原有的商業型態。關於這點，戴先生反而以爲臺灣已進入資本主義萌芽階段，奠定日本人促進臺灣資本主義化的基礎。中國在宋代就已進入資本主義萌芽階段，這個階段拖了將近一千年呢！

日本人接受清朝留下的最大禮物，就是封建的土地制度——大、小租戶、佃農關係，以及保甲制。武裝抗日活動使臺灣的水利、交通、農業陷入混亂狀態，後藤新平改鎭壓爲招撫，利用大量金錢、人力來整頓農田、水利、交通，引進日本資本。日本帝國主義統治的象徵——臺灣總督府，其每一塊紅甎皆沾滿着臺灣人的鮮血。然而，相對地，我們的祖先也被迫納入日本近代化的一環，逐漸提高生活水平。

帝國主義的影響不只是負的一面。日本帝國主義迫使臺灣走向近代化及資本主義化，在這個客觀條件下，又反過來影響臺灣人的抗日主觀意識；才有一九二〇年代開始的臺灣文化協會，以及後來的無政府主義運動、共產主義運動、農民運動及勞工運動。

在道德譴責帝國主義之餘，我們不妨冷靜探討帝國主義帶給殖民地、第三世界的另一面。從前的英屬地——印度、新加坡、馬來亞等地爲什麼還沿用着英國的法制、行政體系？臺灣上一代的知識份子在戰後三十年所付出的貢獻，不必諱言，是帝國主義所賜；李光耀、甘地、尼赫魯、Franz Fanon、王敏川、蔣渭水等人也都是帝國主義教育下的產物。目前，西方的思想界，尤其馬克斯主義者還在重新探索帝國主義的正負影響力，我們何必急於使用道德規範去故意抹煞既成的事實呢？尤其在戴先生及『夏潮』諸君沒嚴格界定出「臺灣人」、「臺灣意識」之前，別任意濫用「民族大義」，亂扣帽子！

（原載一九八四年三月「臺灣年代」雜誌）

# 神話與歷史•現在與將來

## ——評「夏潮論壇」對黨外的批判

•秦琦

三月號的『夏潮論壇』以五篇文字大批了一場黨外。在這個黨外亟需重整的時刻，夏潮人士肯花精神提出他們對黨外的診斷，姑不論診斷是否正確，其用心就是黨外應該感謝的。讀過這些文字之後，我們覺得『夏潮』人士對黨外的分析和批判頗有難以服人之處。爲了溝過異見尋求共識，我們也來評一評『夏潮論壇』的這些文字。

# 一千・八百・萬　政治算術

先談「追究『臺灣一千八百萬人』論」。該文的作者先說臺灣人口數在一九八一年底不足一千八百萬，接着說這不到一千八百萬人裏面的「經濟上活動」的人口只有六百八十萬一千人上下。這都沒什麼問題。但接着下來的「這麼一來『一千八百萬人』的『願望』、『意志』、『幸福』或『福祉』論，在政治口號上就是個明顯的誇大了。」這樣的追究法充滿學究氣，但是，不幸的是一種鮀鳥式的學究氣。該文作者不會不曉得任何政治號召都是一種訴求，黨外所提的「一千八百萬人」論也不例外。這種訴求的提出，明顯是要和獨占政治權力的一小羣人做爲獨占政治權力的最佳藉口，以及他們拒絕做最起碼的政治改革（國家元首民選、地方政府機構首長民選、民意代表全面定期改選等等）的最後一道防線別苗頭、爭取輿論的支持而提出的。「一千八百萬人論」做爲政治口號根本不需要假設一千八百萬人萬衆一心、想法一致，也不需要以「一千八百萬人」萬衆一心、想法一致爲必要條件。「追究」一文的作者假定提出「一千八百萬人論」不曉得「一千八百萬人」裏面有貧富差別、有想法異同、有五歲以下的嬰孩、也有八十歲以上老者，這樣的假定等於是把別人視爲白痴，未免過份矯枉了一點吧！

## 黨外・美帝・K 裏應外合？

「追究」一文作者的矯枉還有更拙劣的表演。首先，該文口口聲聲的說國民黨也叫一千八百萬人，黨外也叫一千八百萬人，美國也叫一千八百萬人，一棍子翻三條船，並藉此而陰晦的影射黨外的「一千八百萬人論」是和既成結構同流，是和外國強權合污。

一個主張是否合理，指出同持該一主張的不同團體固然有助於考察該一主張的性質，甚至源流，然而歸根究底，一個主張的最後判斷仍要以該主張本身的內容，包括其反對面來加以考察，單單陰晦的影射纏繞畢竟是空洞虛假的。「追究」一文却除了影射纏繞之外，什麼也沒有說出來。

其次，「追究」一文在結尾的一段「要求黨外擴大社會基礎！」這項要求正是去年增額立委選舉後黨外雜誌評論文章中的自我要求，相信稍為關心民主運動的人都已耳熟能詳。不過，「追究」一文却假藉「人民」之口，認為這是「人民」終於要向臺灣中產階級黨外提出的重要課題。這個論調最少有兩大漏洞：一、臺灣中產階級什麼時候變成「非人民」的？是不是雇主和自營作業者共一百七十幾萬人都不是「人民」的一部份了？二、「追究」一文的作者又如何知道「臺灣資產階級黨外」以外的「人民」終於要提出什麼?該文作者的此項論斷的具體根據是什麼呢?我們相信其惟一的根據是該文作者腦袋裏面的想當然耳,除此以外,不是虛假,就是空洞

現在討論革新版夏潮論壇的重頭戲「臺灣結的大體解剖」的三篇文章。這三篇文章中「戴國煇與陳映眞對談」一文只登前半部份,以先不深論爲宜。不過,有一點值得指出的是,由此對談的上半去看,戴國煇關於「臺灣/中國」、「臺灣意識」、「民族主義」等的看法和陳映眞的看法有相當大的不同,甚至有尖銳對立的地方。比方說,戴國煇表示,只要肯定臺灣居民內部的多元存在,加上善待高山諸族、客家系人士及大陸系人士有關問題,並且勇敢面對多層且複雜的社會現實,他「個人並不反對臺灣人意識的培育與成熟」。這樣的論點,和陳映眞的想法信念恐怕有不少格格不入之處吧。不過,此文只刋一半,目前就只論到此爲止。

## 建立•萌芽•纒 混亂不清

戴國煇的「研究臺灣史經驗談」一文,『夏潮論壇』刋的是節錄,此處的評論也以節錄爲準。這篇文章講他研究臺灣史的原因有三點:一、對廖文毅、邱永漢、王育德等人的媚日不滿。二、這種媚日論調對日本人不好,對整個東南亞都不好。三、一九五五年左右的大陸關於臺灣的著

作除了口號之外就是無知，令他傷心失望。於是他潛力研究臺灣史的眞象，研究的結論之一是日本侵臺以前，臺灣的資本主義已經萌芽，指出把臺灣經濟社會的近現代化完全歸因於日本五十年殖民統治是不符史實的。並且大批高伊哥的「後藤新平——臺灣現代化的奠基者」是歪曲歷史。

戴國煇的研究動機和研究方法都是値得尊重的，其研究結果，相信也是可觀並値得尊重的。不過，他對高伊哥那篇文章的評論有商榷餘地。高伊哥該文所談的「臺灣現代化」，其具體內容是指資本主義制度的確立，是指一種現代化的產業結構及與之相應的社會變革之建立，「奠基者」指的是制度、結構和與之相應的變革的奠基者。資本主義制度的建立和資本主義的萌芽是兩回事。當一種制度確立之後，其萌芽往往可以追溯得很早，但萌芽的本身却不含括制度的確立的必然性。三十年代中國社會史論戰及其以後有關中國社會經濟史的討論，都曾有人討論到歷史上中國經濟結構中資本主義萌芽於何時的問題，但萌芽畢竟只是萌芽，傳統中國沒有滋生出資本主義制度仍是不爭的史實。讓我們不廻避的說，如果大淸帝國沒有把臺灣割讓予日本，如果臺灣沒有受日本殖民統治五十年，而是和中國大陸一直不可分割、共其運命的話，臺灣的糖業再根深蒂固、資本主義萌芽再早再多，臺灣充其量也不過是另外一個廣東福建，甚至是另外一個海南島而已。臺灣成爲另外一個廣東或福建，甚至是另外一個海南島，本也沒什麼不好，最少環境不致汚染到現今這個地步，那樣的臺灣在一九三七年不會有一個比廣東、福建、海南島更現代化的產業結構却也是必然的吧。正視這樣的事實，並不表示贊同日本的殖民統治，更不表示忽視臺灣人民在殖民統治，更不表示忽視臺灣人民在殖民統治下所付出浩大龐巨的代價，只是爲了指出高伊哥那篇文章主題是資本主義做爲一種制度在臺灣的確立，這個問題和戴國煇所討論的資本主義的萌芽乃是兩回事。戴國煇因爲高伊哥的文章而引發的種種感慨，是感人的，但對高伊哥是不公平的，因爲兩者所討論的並非同一件事。

陳映眞所深切不滿的近年來的某些黨外運動的年輕人，若有人要批評他們分辨不清楚眞實和虛構的歷史唯物論，批評他們這個那個，只要說理明白、證據俱全，都沒有什麼好說的，但「媚日」這樣的帽子恐怕怎麼戴也戴不合適的。戴國煇所說的「我們因爲生長於臺、澎兩島，先天地，有被染上『島氣』的可能。加上日本人的島氣，我們很可能負荷雙重『島氣』的包袱。」這樣苦口婆心的話，對於大部份黨外新生代而言，實在不具有太大的警戒意義。強調「臺灣意識」，和島氣不島氣扯不上關係，和偏狹或寬廣更扯不上關係。這點可由革新版『夏潮論壇』「特別企劃三」「走出『臺灣意識』的陰影」一文及該文所欲評論的宋冬陽「現階段臺灣文學本土化的問題」兩文的對比明顯的看出來。

## 狂童・操刀・幹　惡毒橫霸

宋冬陽的「現階段臺灣文學本土化的問題」一文的主題是目前臺灣文壇所謂南北派，也就是「臺灣文學本土論」與「第三世界文學論」這兩種理論不是水火不容的，而是兼容並蓄的。以「臺灣意識」爲基石的「臺灣文學本土論」的主張並不認爲臺灣是宇宙中的孤島，並不是看不到臺灣的過去、現在和將來都將無可避免的和包括全中國在內的全世界的過去、現在和將來息息相關。宋冬陽的結論是因此：「臺灣本土文學論的提出，是可以包容第三世界文學論的；把這兩個理論視爲兩個宗派，甚至認爲是對峙而相互排斥，對臺灣文學的進步並沒有幫助。」這樣的結論是既不島氣又不偏狹的。

宋冬陽在其文章中有不少地方對陳映眞的文學評論所表達的觀點提出批評，有些批評的核心是一九七〇年代中期以後，陳映眞所一再強調的「臺灣文學是中國文學不可切割的一環」的提法，就像「臺灣文學是人類文學活動不可切割的一環」的提法一樣，都可在不同的層次上言之成理，沒有什麼好爭論的、其理自明的東西。問題是，陳映眞每次提到「不可切割」的時候，都很明顯是有所針對的，每次論及臺灣作家的作品時，都要深怕人家忘記似的不厭其煩的使用「在臺灣的中國文學」這樣的彆扭詞句，如果討論蕭紅可以不用說什麼「在東北的中國文學」，討論沈從文可以不必囉哩八嗦的說什麼「在湖南的中國文學」，討論老舍可以不必說「在北平的中國文學」的話，爲什麼討論臺灣作家的中文作品就要戴「在臺灣的中國文學」這樣一頂莫名其妙的帽子？臺灣如果眞是中國不可分割的一部份的話，這些不厭其煩的耳提面命又是何苦來呢？陳映眞如此一而再、再而三的耳提面命，如此三而四、四而五的不厭其煩，不會是窮極無聊的文字搬弄，是有所針對的。他所針對的不是別的，正是「臺灣意識文學論」，也正是吳德山所說的和臺灣三百餘年來的歷史扞格不合，和臺灣文學不相干的，却也正是葉石濤「臺灣鄉土文學史導論」一文及「作家的條件」「文學回憶錄」「小說筆記」中討論到臺灣作家的作品時所一再提出的「臺灣意識」。許南村的「『鄉土文學』的盲點」不正是針對葉石濤的「臺灣鄉土文學史導論」一文而寫的嗎？

然而，這些明顯的事實，吳德山的「陰影」一文都視若無睹，並且藉摘錄葉石濤的文章與陳映眞的文章加以排比，來得出「葉、陳二人的看法是雷同者多而歧異者少」的結論。如果他這個結論正確的話，許南村那篇「盲點」大作就是廢話一堆，吳德山的剪刀漿糊工夫未免太絕了一點吧！

剪刀醬糊工夫不錯，最少還算是一種手藝，可以姑妄觀之。然而在展露剪刀漿糊以後，接着忍心對一個在十六歲開始寫小說，「幾乎有二十年的時間，……被迫不鳴不叫，浮沉在社會底層裏爲求三餐溫飽而奮鬪」。復於五十八歲之年爲了「企圖整合本土的、傳統的、外來的文學潮流，建立有自主性的臺灣文學爲其願望」而在南臺灣辦一本文學刊物的人寫出「其實，若硬要找出葉、陳二人在大同之外的小異，那就是葉石濤還把臺灣文學稱爲三民主義的文學」這樣的顯然是毫無用心，也無心可用的評語出來，實在已非惡毒兩字可以形容的了。

吳德山自己整篇文章裏面既無心可用，又毫無用心的七拉八扯，也就難怪他會把宋冬陽明明白白的「臺灣本土文學論的提出，是可以包容第三世界文學論的」這樣的結論描述成爲是「企圖煽風點火、別有用心……以製造兩者的對立」了。相對於自己的心肝全無，當然其他的人就是「別有用心」了。在討論臺灣文學的文章中，出現吳德山「陰影」一文中的那些鬪氣十足，道理闕如的文字本身已是很大的遺憾。但是，更遺憾的是，叫人不得不堅決反對的是吳德山文章所顯露出來的瘋狂排斥異己主張的一些基本假定，以及那些假定背後的心態。

吳德山口口聲聲說宋冬陽對臺灣史的無知，就讓我們欣賞一下吳德山對臺灣史的知識吧。明鄭取得臺灣的時候，臺灣漢人到底有多少，據陳紹馨衡量各種估計（有的估計二十萬人，有的估計十萬人，有的估計有二萬五千壯丁），提出他自己的估計爲「在五萬以下」。陳紹馨的估計，也就是所引漢人人口數目的來源。然而，這個估計雖爲大多數人接受，却也只是一項推測而已，並非定論，連同一套「臺灣省通志」卷三故事志財政篇第一册第二章「賦稅」裏提到荷據時期的漢人人口時，寫的是「史稱我國移民多至二萬五千戶，達十萬人云云。」至於明鄭降淸時臺灣漢人的人口數目，可以作估計推測之用的資料比荷據時期的資料更少。比較可確定的是鄭氏父子先後帶了三萬七千人到臺灣，冒海禁入臺者不少，但大約多少只能猜，陳紹馨假定爲三萬人。明鄭晚期漢人人口「激增至十二萬人」這個數目就是這樣推測來的。但十九世紀末葉出版的書有的估計「臺灣的中國人的數目，在十七世紀末葉，共計十萬至二十五萬人。」抄引這麼幾段書，目的只有一個，明鄭取得臺灣與明鄭降服淸廷期間臺灣漢人人口到底有多少，現有的史料只能推測，漢人人口肯定是激增了，但五萬激增至十二萬之說也只是一種推測，引用這數目字時，最少該加上「據估計」這樣的字眼。

十七世紀時的臺灣人口數目，不論漢人人口或原住民人口都只是推測估計，這本是極其自然的，然而吳德山無所用心的引用這段人口數目的估計，只是爲了說「如果要指鄭成功是外來殖民統治者，那只有所謂『番人』的原住民才有資格，漢人絕無此資格」這樣一句話而已。毫無疑問的，對於臺灣原住民的平埔族與高山族而言，所有漢人，正像所有荷蘭人、西班牙人、日本人一樣，都是不折不扣的外來統治者。至於吳德山說什麼「但這些都恐怕超乎宋冬陽的理解之外吧！」這樣的話，恐怕是因爲高估自己的理解力，而無心的低估了別人的理解力了吧？有話好說，何必這麼喜歡想當然耳呢？

更進一步說，所謂「漢人絕無此資格」，恐怕也不盡然吧！明鄭未取台以前受荷蘭殖民統治的漢人不論是五萬也好，十萬也罷，對他們來說，明鄭不但是不折不扣的外來統治者，而且明鄭對他們的剝削，如果並沒有因明鄭的復明事業而比荷據時期更爲加重的話，最少也是半斤八兩。

吳德山的「陰影」一文還談到很多日據時期的臺灣歷史和抗日人物，這些人物的思想和他們所參與的社會運動要如何定位，在我們這個連李喬以小說的方式想處理都不得不欲語還休的環境下，像吳德山那樣一下子正告，一下子高呼，又是喟嘆，又是痛擊，又是戳穿，實在是無比的揮霍，甚至可說是窮奢極侈。這樣做大約也可得到某種自以爲是在維護唯一的眞理的快感吧？

然而，卽使非要這樣的揮霍不痛快，也不必到了非要寫出下面這一段話來不可的地步！吳德山寫道：「很奇怪，當鄉土文學論戰方酣，帽子滿天飛，余光中等人祭出的『血滴子』正在汲汲找頭準備讓人頭落地之際，嚇得噤若寒蟬，不敢吐一口氣的『臺灣意識』論者（如宋冬陽之流）現在却跑出來竊奪果實，攘『鄉土文學』爲己有了。」

這段話隱含着一項非常可笑的假設：一九七七年鄉土文學論戰並作出總結之權利。沒有在當時吐一口氣的「宋冬陽之流」如果試着去探討當時的論事，並提出自己的看法，不論其看法是否正確，就是「跑出來竊奪果實，攘『鄉土文學』爲己有了。」這樣的文學理論私有財產制，甚至專賣制，實在也是臺灣這個大衆消費社會的所謂畸型、扭曲、偏狹等等最有利的、最雄辯的證據吧。只要臺灣有吳德山這樣的「批判家」，能在革新版的『夏潮論壇』上面這樣洋洋灑灑、別無用心的揮霍其這種格調的批判，臺灣的文學理論界，更別說是歷史學界、社會科學界、思想界，要想能撇開畸形、扭曲、偏狹等等，恐怕還需要相當時間的努力和辛勤耕耘的吧。

## 革新・自主・叫令人失望

最後是「編輯部評論」。這篇評論提出革新版『夏潮論壇』對「三十多年來的臺灣政治」的概括，對國民黨和黨外都提出要求，也對一切人，尤其知識份子提出要求。革新版『夏潮論壇』的同仁當然也是人，大約也是自我定位於知識份子羣之內，因此，對於一切人，尤其是知識份子的要求，應該也是『夏潮』同仁的自我要求，『夏潮』早已不認同國民黨，現在革新版的編輯部評論可以說表明也不認同黨外。應有自主性格的革新版『夏潮』，竭誠擁護民主、自由開放的口號的革新版『夏潮』的一九八四年三月號是令人失望的。萬事起頭難，革新版、自主性格也是同樣不是舉手可致的，讓我們拭目以待，期望可以看到高水準的、不是動不動就戳穿、高呼的、有自主性的革新版吧。

（原載一九八四年三月「臺灣年代」雜誌）

# 故土的呼喚已漸遙遠

## ——論「台灣意識」與「中國意識」的爭辯

●羅思遠

坊間政論雜誌最近又掀起「臺灣意識」及「中國意識」的爭論。主張「中國意識」的人使盡吃奶的力量，大舉批判「臺灣意識」；主張「臺灣意識」的人，則強調臺灣人不要中國意識。雙方各執一詞，名目上說是溝通，炮火則愈演愈烈。

事實上，「臺灣意識」和「中國意識」的爭辯，在臺灣當前的政治環境下仍然忌諱重重，懷着「中國意識」的人認爲懷有「臺灣意識」的人歷史視野不夠寬潤；懷有「臺灣意識」的人認爲懷有「中國意識」的人歷史視野出現盲點。姑且不論雙方爭辯的價值，這個問題在這個時候被提出來，正足以顯示國民黨臺灣化的結果，至少大家對中國意識與臺灣意識的討論不再像過去一樣，充滿危機四伏的恐懼感。

## 國民黨臺灣化的必然結果

臺灣與中國大陸在歷史上有不可忽視的關係情節，除了日據時期以外，二百多年來，臺灣一直是中國的一部份，有「中國意識」並不足爲奇！但是，臺灣與中國大陸已有將近一百年處於完全分離的狀態，臺灣已成爲臺灣本地人及第二代外省子弟的故鄉，有「臺灣意識」也是理所當然。如果臺灣意識與中國意識的爭論，僅從文學、文化和歷史的層面去發揮，沒有引起對立的必要，如果從政治及感情的層面去發揮，也不是誰講得有道理，誰就能說服對方，主要還是在力量的比重上面。目前對於臺灣意識及中國意識的討論，似乎都具有政治涵義的成份，並且或多或少夾帶着私人的情感及好惡，這對於解決實際問題究竟有多少助益，不無疑問。

所幸，迄至目前爲止，臺灣意識與中國意識的論戰，並未在政治上造成太大的困擾。由於具有「中國意識」的人不少是本省人，具有「臺灣意識」的人也不少是外省人，因此，這個爭論與省籍因素並無太大關連，的確是「歷史視野」的問題。這個現象至少否定了一個偏見，亦卽認爲「臺灣意識」是臺灣人的專利，「中國意識」是外省人的專利。

「臺灣意識」強烈的人，對於「中國意識」強烈的人常會有莫名其妙的感覺，他們覺得那些人一輩子沒去過中國大陸，沒看過萬里長城，沒見識過長江、黃河，竟對中國大陸一往情深，尤其在六、七〇年代，更有一些人對中共懷有浪漫的幻想。現在「臺灣意識」強烈的人非常關心「中國意識」強烈的人是否已從迷夢中甦醒過來？是否肯定臺灣的各項成就優於大陸？是否在關懷臺灣現實的基礎上強調其「中國意識」？

「中國意識」強烈的人，對於「臺灣意識」強烈的人，也有不屑與之論道的感覺，他們覺得那些人在臺灣小島住久了，心胸竟也偏狹了，竟拿淡水河比長江，濁水溪比黃河，尤其在五、六〇年代，二二八事件造成的省籍歧見還牢固不拔地形成情感問題，他們非常關心這些人除了在一千八百萬人的基礎上強調臺灣意識之外，是否也關懷中國大陸十億人民的苦難？

## 故土的呼喚日漸遙遠

早期「中國意識」與「臺灣意識」曾有過極端的對立，目前「中國意識」與「臺灣意識」則處於一種混合過渡的狀態，這是現實環境的必然現象。儘管今天臺灣的高層政治結構，還有嚴重的不同省籍的人事安排，但是愈來愈不可避免地臺灣化傾向，必將逼使此一現象獲得應有的改善。其實，不論中國意識或臺灣意識，凡是臺灣一千八百萬住民的一份子，如果認爲「臺灣的成就增加一分，所有臺灣住民的信心及自豪也將增加一分，中共的現代化增加一分，所有臺灣住民對中共的恐懼及不滿也將減少一分」並不爲過。這樣日積月累下來，所謂「中國意識」才可能是同饋苦難大陸的一種神聖期待，而所謂「臺灣意識」，也才可能是保衛臺灣繁榮進步的一種光榮責任。

五〇年代國民黨政府剛遷臺時，卅年代的新文藝一掃而空，大陸來臺作家充斥了戰鬪文藝，臺灣本地作家則徘徊在吳濁流「亞細亞孤兒」的感傷低調裏。六〇年代，失落主義及虛無主義泛濫臺灣知識界，七〇年代以後，鄉土文學及寫實主義逐漸抬頭，鍾肇政的「濁流三部曲」、「臺灣人三部曲」及李喬的「寒夜三部曲」，勾劃出奮鬪進取的臺灣人生觀。「亞細亞的孤兒」早已遠去，這是三十多年來，臺灣意識自然的成長過程。

臺灣意識的成長，事實上正是臺灣經濟及社會的副產物，也是省籍問題未嚴重惡化之後，由鄉土之情衍生出來的臺灣住民的共同產物。臺灣泥土的氣味清新可聞，大陸故土的呼喚日益遙遠，毋寧是現實環境裏最自然不過的結果。

從政治層面來看，中共領導人固然一再對臺灣發出統一的號召，鄧小平卻不只一次地對訪客宣稱，他擔心中共新生一代的領導人物，對於中國統一愈來愈不熱心、不積極。在臺灣方面，國民黨領導人固然不願承認臺灣化的必不可免，然而副總統已選定土生土長的臺灣人擔任，新生一代的國民黨領導結構是否像上一代那樣對大陸充滿懷念及憧憬，在在令人疑問叢生。

明乎此，關於「中國意識」及「臺灣意識」的爭論，如果老是停留在意識型態的層面上，豈非浪費精力而庸人自擾？

（原載一九八四年四月「八十年代」雜誌）

# 台灣意識——黨外民主運動的基石

●陳樹鴻

## 臺灣現實意識

臺灣社會自由民主的障礙何在？我們的路線要改革什麼？要掃除什麼？許多人大概都會很快地得出一個答案：是國民黨的一黨獨大，是戒嚴法，是臨時條款。但是我們必須再問，究竟這些不合理不合法的東西存在的基礎何在？一個制度如果已經危害到它自身的存在，那就表示問題的根源不在其表面，而在其本質的深處。現體制問題的本質何在？簡而言，在於這個妨碍着自由民主的「體制」是建立在對臺灣現實意識的否定之上。

何謂臺灣現實意識（簡稱臺灣意識）呢？臺灣意識並不是與生俱來，並不是一個地理名詞的延伸，而是一定的社會、經濟發展下的產物。

生於斯，長於斯，並不必然地構成一般人民的「共同意識」。以中國為例，秦以至於明代前期，由於自然經濟的分散狀態，漢人雖長期共同生活於中原之地，却始終沒有形成近代民族堅強的「共同意識」，因此封建割據、分裂的局面經常發生。反過來說，工商業發達的結果，往往打破一個地域中人民間不同血統、語言、文化的層層障礙，造成他們休戚與共互相依存的關係，而形成一個「共同意識」；例如明末以來的中國，被列強以砲艇槍彈強銷進去的資本主義經濟方式，漸漸地把滿漢等不同的族羣融合成了一個民族，他們的「共同意識」又與共同反抗侵略而大大地鞏固起來。

一直到十九世紀中葉以前，封建的、小規模的農業生產並沒有在臺灣建立起一個全島性的經濟生活與社會生活。當時島上的居民聚落而居，在豪族支配之下，從事農業的開墾，商業的對象還只限於剩餘的農產物及其他極少數的財貨。這樣的自給自足的經濟狀態，使得他們殘餘的「泉州意識」、「漳州意識」或者「客家意識」遠勝於他們之間若有也極微弱的「臺灣意識」。那時島上漳、泉、客之間的分類械鬪經常發生，雖然有其他原因，但也反映了這個「共同意識」尙未建立起來的社會發展階段。

日本據臺以後，爲了帝國的需要，在臺灣開始資本主義化的建設。一九〇〇—一九〇四年間統一了度量衡及幣制，一九二三年完成了南北縱貫公路，這些措施一方面促進了全島性企業的發展，另一方面也反映了臺灣社會及經濟活動整體化的程度。有了整體化的社會生活和經濟生活，就必然地產生了全島性休戚與共的「臺灣意識」了。淸據時代的分類械鬪，到了日據時代全部絕跡的事實，並不是日本警察鎭壓之功，而正是「臺灣意識」形成的反映。臺灣人的抗日運動由「恭奉正朔，遙作屛藩」的「臺灣民主國」，到各地零散的武力抗爭，到一九二〇年以後本土意識高漲的「文化協會」、「臺灣民衆黨」、「農民組合」等民族運動，充分地顯示出在社會整合過程中，「臺灣意識」的形成與鞏固。

第二次戰後的政治局勢並沒有改變這個全島整合的趨勢。一九四九年前後來臺的大陸人士，不論其主觀願望如何，終究是這塊土地上長期生存、活動、衰老或者成長的。他們面對着一個客觀存在着的社會經濟體——臺灣人民——是要自外於它呢？還是要進入其中？答案是極其明顯的。而到今天爲止的臺灣歷史也證明了這一點：大陸人（讓我們暫時使用這個不很正確的名辭吧！）並不能自外於臺灣社會而形成一個個別的社會經濟活動範圍的，他們別無選擇只能進入其中，與臺灣社會融成一體，成爲臺灣人。六十年代以來的工業發展，使得這個必然的趨向更加不可抗逆。到了一九七〇年以後，「臺灣意識」隨着整體性的經濟發展，已經影響到社會的各個層面。我們至少可以舉出兩個例子：文學上的鄉土文學運動以及政治上的黨外民主運動。這兩個不同領域的運動同時發生在我們這塊土地之上，絕不是歷史的偶然；相反的，正是臺灣社會在「臺灣意識」衝擊下的必然產物。

## 臺灣鄉土文學

本來文學的任務就在反映社會的現實。鍾肇政說：

「所有的文學作品都是鄉土的……因爲一個作家必須有一個立脚點，這個立脚點就是他的鄉土。」

從這個角度來看，在「文學」之上冠上「鄉土」二字豈不是畫蛇添足，多此一舉？然而臺灣歷史上畢竟發生過兩次的「鄉土文學」運動，原因何在？第一、當時臺灣意識已經形成了。第二、當時文壇上充斥着非鄉土，反鄉土的虛幻文學。

一九三〇年黃石輝「怎樣不提倡鄉土文學」一文中說：

「你是臺灣人，你頭戴臺灣天，脚踏臺灣地，眼睛所看的是臺灣的狀況，耳孔所聽見的是臺灣的消息，時間所歷的是臺灣的經驗，嘴裏所說的亦是臺灣的語言，所以你的那枝如椽健筆，生蕊的彩筆，亦應該去寫臺灣的文學了。」

然而那時的臺灣文壇盛行的却是無病呻吟的復古文學，以及向殖民政權歌功頌德的諂媚文學。因此，當時剛剛新生的臺灣意識，一方面在政治上推動了一九二〇—一九三〇年間偉大壯烈的抗日民族運動，另一方面也要向這些無恥文人開刀。可以說「臺灣意識」的反抗民族壓迫是當時鄉土文學運動的動力。

戰後的臺灣文壇則充斥着兩種脫離臺灣現實生活的文學。一個是「大陸文學」，另一個是「西化文學」。前者如司馬中原之流，他們徘徊在臺灣社會的邊緣，不斷地以黃土高原的狂風沙與金刀銀鏢的鄉野傳奇來保持他們對遙遠故鄉的懷念。他們的「大陸文學」雖也有鄉有土，却非此鄉此土。他們雄踞文壇之上，讓廣大的讀者分享他們的回憶，雖也一時能以其異鄉風味吸引了讀者的好奇心，却無法持久地抵抗臺灣人民要將現實社會文學藝術化的渴望。外資引進的「西化文學」則造就了一批「遠視眼」的作家（如余光中之流），他們的眼光或焦距在西敏寺，或在舊金山，或是敲打樂、或是披頭四，却永遠看不到臺灣社會的現實。他們一方面利用讀者對外面世界的好奇來騙取稿費，另一方面則作為西方資本的開路人，為他們在文化的領域裏建立橋頭堡。不管是「大陸文學」還是「西化文學」，他們都是超越了臺灣的現實，而神遊於太平洋的彼岸。

然而文學的任務就是要建立描寫今生今世斯土斯民的「此岸文學」，七十年代的鄉土文學運動正是以「臺灣意識」來批判「彼岸文學」。

我們稱它「彼岸文學」絕不認為它是眞正彼岸的——誰會相信那些「西化文學」是眞正的「西洋文學」呢？——事實上是指其「人在此岸，心在彼岸」的虛幻的「彼岸」性。而這個虛幻的「彼岸」性的基礎，又在於他們對「此岸」的否定，他們否定臺灣是一個完整的社會經濟體這個事實，否定「臺灣意識」，並且否定臺灣人民有他們自己的文學藝術這個權利。

陳映眞在「鄉土文學的盲點」一文中（『臺灣文藝』革新二期），正是這樣否定臺灣鄉土文學的。陳映眞說：

「在十九世紀資本帝國主義所侵凌的各弱小民族的土地上，一切抵抗的文學，莫不有各別民族的特點，而且由於反映了這些農業的殖民地之社會現實條件，也莫不以農村中的經濟底、人底問題作為關切和抵抗的焦點。『臺灣』『鄉土文學』的個性，便在全亞洲、全中南美洲和全非洲殖民地文學的個性中消失，而在全中國近代反帝、反封建的個性中，統一在中國近代文學之中，成為它光輝的不可割切的一環。」

因此，他以爲「所謂『臺灣鄉土文學』，其實是『在臺灣的中國文學史』。」我們實在看不出來，爲什麼「臺灣」「鄉土文學」這個個性，一旦在亞洲文學中消失了後，又從中國文學中冒了出來；臺灣文學爲何可以歸類於中國文學，亞洲文學，乃至於世界文學，却硬是無法自稱臺灣文學？陳映眞一方面承認：「臺灣淪爲日本殖民地之後，日本在臺灣進行了臺灣社會經濟之資本主義改造。……於是一種新的意識——那就是所謂『臺灣人意識』——產生了。」但是他又提醒我們要「看到這一切變化的殖民地性格」，因此，「立論者將它推衍到所謂『臺灣的文化民族主義』……這是用心良苦的，分離主義的議論。」

否定這樣形成的共同意識，也就是認定只有那些欺壓小國的殖民地母國才能有民族意識，至於那些在殖民地性格中成長起來的中國民族、韓國民族以及印度民族的民族意識，豈不都要被陳映眞所否定？但是那一個弱小民族不是從殖民地的困境中成長茁壯起來的？恐怕只有口頭上反帝的人才說得出陳映眞這種話來罷?!

至於說「分離主義」這頂陳映眞經常拿在手上搖晃的大帽子，更是莫名其妙。分離於誰呢？如果是指日據時代的臺灣人要從日本帝國主義下分離出來，那豈不是民族主義之所當然麼？如果是指現在，臺灣人民與大陸上的中共本就不在一起，那談得上什麼分離呢？從本世紀初以來就在這塊土地上進行着的資本主義化，已經把臺灣造成一個客觀存在的實體，政治現實只是更加地鞏固這個客觀實體而已。一切對資本主義的批判，一切政治改造、社會改造，乃至於文學改造，都只能而且都必然要從這個現實出發，而不是像陳映眞那樣地——用他自己的話來形容——以一個市鎭小知識份子的感傷情緒來自悲自嘆自抱自怨「歷史無情」。陳映眞慣於從歷史的社會經濟結構分析出發，却又一貫地失足於「彼岸」意識，否定臺灣這個客觀實體以及所從生的臺灣意識，所以必然地得出一些非歷史的，非現實的結論來，那麼他會像押寶般地「賭國民黨會贏」也就不足爲奇了。（見一九八二年二月五日*Asianweek*或『暖流』三月號的陳映真訪問記）。

臺灣鄉土文學究竟是什麼呢？它的對象就是這一個被共同的政治經濟生活連結在一起的臺灣人民的生活，描寫他們所受的壓迫與不平，描寫他們的發展與前進。鄉土文學運動的動力是臺灣意識對非鄉土文學的批判，並且在臺灣實體的存在上建立起一個相對應的、反映客觀的文學世界。

## 黨外民主運動

正如臺灣鄉土文學運動是要在臺灣實體的客觀存在上建立起一個反映現實的文學世界一樣，黨外的臺灣民主運動也是要在同樣的客觀存在上，建立起一個相對應的民主政治。而推進它的原動力則是以臺灣意識，針對否定臺灣現實的非民主體制的批判。

就像描寫鄉土現實的文學不一定是好的文學一樣，肯定了臺灣的客觀存在，並不一定保證了民主的實現。然而，好的文學却必然以不脫離現實爲前提。否定了臺灣現實意識的政治，也必定要導致不民主的。

黨外一直在批評國民黨的一黨獨大，並要求開放「黨禁」來解決這個問題。然而，吾黨豈好獨大哉?予不得已也。一黨獨大的根源實在肇因於它的主觀認同落後於臺灣社會的客觀存在，因此它的所作所爲，或者是要鞏固過去的殘餘，或者是要寄望於渺茫的未來，却未嘗着眼於現在；它或者認同於區區一黨，或者號稱認同於龐然數億人，却無法面對眼前一千八百萬人。沒辦法認同於現實，就很難得到現實的認同。因此，它乃對認同於臺灣現實的黨外產生疑懼，不願意與黨外平起平坐。這一場棋賽就無法「互先」，而只能是一方面赤手空拳，另一方面却獨享組織，包辦新聞媒介的「讓子棋」了!由此看來，要求開放「報禁」、「黨禁」而不討論對臺灣意識的認同問題，豈不是捨本而求末麼?

林洋港今年三月十二日在立法院答覆費希平委員關於「黨禁」的質詢時，說：

「政黨一旦形成，固然可以提租稅制度、經濟制度與社會福利制度等，但是也可以提國家最高的基本國策與基本方針的問題。」

「如果將來共匪策動新黨成立，它在國外宣稱其爲中華民國的合法政黨，但是却呼籲政府放棄反共復國的國策，主張臺灣獨立，如此一來對於國內外民心的團結與反共的統一目標的影響會如何？……任何人也不敢保證。」

對於這種牽強附會，以「中共威脅」來阻止人民履行憲法權利的理由，許榮淑委員當時曾加以反駁：

「這不正是表示執政者的統治基礎太過薄弱，不能以民心爲依歸，其統治實在是建築在『中共叛亂』的基礎之上嗎？」

「是不是當政府未能光復大陸之前……就一天不能貫徹實施憲法？果眞如此，難道說中華民國憲法是否又僅僅是一個花瓶而已嗎？」

我們在此要特別指出一點：把政治落實於臺灣，鞏固臺灣意識，才是對抗「中共威脅」的最有效武器！

自一九七五年以來，雖然臺灣黨外的民主運動搞得轟轟烈烈，幾波幾折，中共的報刊上不是隻字不提，就是輕描淡寫，一筆帶過；却三不五時，自言自語地發表什麼「告臺灣同胞書」！難道中共那些統戰專家們沒有注意到島上的風雲麼？非也！非不爲也，是不能也。因爲中共所汲汲然關心者是臺灣人民所不關心的；臺灣人民所關心的却又是中共所不關心的。根本的原因在：兩個社會是建立在不同的客觀實體上，不同的意識認同上的。這個差別，是由歷史條件，經濟發展造成的，它的現實性是無法以血緣來加以抹殺的。「臺灣意識」，一方面固然來自臺灣實體的客觀存在，另一方面它也會反過來鞏固這個實體的存在。臺灣意識一方面促進了臺灣的經濟活動、文學活動、民主運動，以及其他的社會活動；另一方面也使中共對臺灣的一切企圖變成「侵略性」的恫嚇行爲。如果說，中共的宣傳還能略收小效，引起部分人士（如馬璧、侯德健等）的單相思的話，不過是因爲那些人的主觀認同還落後於臺灣社會的客觀存在；一旦這個認同上的矛盾被消滅了，任何外來的侵略，都要面對臺灣人民的團結意志，而失敗的。林洋港以一個空洞的理由來壓制臺灣民主運動，豈不正表現出他的認同危機？無法認同於臺灣現實與臺灣人民的，自然得不到臺灣人民的認同，因此就必須挾外患以制內。林洋港的所謂「雄辯」，不過如此罷了！

黨外一直主張「民意代表全面改選」，林洋港却以「法統」來搪塞，說什麼「中央民意代表如果全面改選，則由臺灣地區選出的中央民意代表如何有資格來代表中國？」但法統是什麼東西呢？蘇秋鎮說得好：「立法委員總額八百餘人，而在大陸選出目前報到的第一屆立法委員只有二百餘人，以區區四分之一的人數又如何能談論什麼法統？」以爲抱住了「法統」就可以保有政權，就好像漫畫故事上，搶到了玉璽就得天下一樣地可笑。玉璽也罷，法統也罷，都是虛幻的，都是藉口。林洋港等口口聲聲：法統來自大陸，將來也要把法統帶同大陸去。這等於把臺灣人民置於時空隧道，讓過去與未來來統治現在。這種時空錯亂、認同誤謬的統治方式，必然要隨着臺灣社會的整體化，臺灣意識的崛起而矛盾百出，捉襟見肘了。

一般討論臺灣的民主運動，往往認爲是「自由中國」——「文星」——「大學」——「臺灣政論」——「美麗島」一脈相傳。固然從「自由中國」到「美麗島」，基本上都沒有脫離以自由主義反對政治上的封建性的這個範圍；然而何以前者只能停留在少數知識份子的圈子裏？後者却能得到整個社會的呼應？何以前者一敗不能復起？後者却再生力堅強，綿綿不絕？有的人以爲民主運動步步高昇，「美麗島」不過是站在「自由中國」的肩膀上而已。這樣的解釋忽略了兩者之間的一個質變的過程。「自由中國」是站在國民黨改良派的立場來搞民主運動的，他們「宣揚民主，批評時政，寄望國民黨的反省與革新」，他們「打你罵你都是爲了你好」地，恨鐵不成鋼地，界限劃分不清地批評國民黨，他們在審視社會的病狀時抓錯了脈，以「在臺灣的中國人」的孤臣孽子心態來搞民主運動，却沒有直接認同於臺灣人民，他們的勇氣固然可佩，他們的失敗其實是歷史的必然。

七十年代以後，農業的臺灣已經轉變成工業的臺灣，人口由鄉村向都市集中，工人代替了農民，中產階級與大老板取代了舊日的地主，整個社會的條件都改變了，整個臺灣已經牢牢固定地結合成一個政治經濟的共同體了，臺灣意識更加地被鞏固、被加強了。就好像長大了的小孩要扔掉他不合身的衣服；一個經濟上現代化了的社會，必然不能再容忍政治上、文化上的不現代化，黨外民主運動就是這樣誕生的。

把黨外民主運動看作是「自由中國」的延續，就好像把孫中山的建立民國看成反淸復明的延續一樣地錯誤。一個是認同於臺灣，以臺灣意識爲基礎，血肉豐滿的民主運動，另一個則是凌空而行，以救亡圖存爲目標，營養不良的改革運動，這是本質上的大不同。

另外有些人倡言黨外民主運動是「退出聯合國的震撼」以及「釣魚臺運動」引起的。這就好像說美國獨立是因爲茶稅太重一樣地膚淺。黨外民主運動所以在七十年代發生而不是更早，除了主觀因素外，更重要的是客觀條件的成熟。卽臺灣社會的整體化達到了這樣的程度，產生了強烈的臺灣意識，因此要求掃除與這樣的現實意識不相配合的一切制度一切障礙，文學上的空幻，政治上的脫離現實，都在掃除之列。

沒有搞淸楚黨外民主運動的基礎，就很容易走入錯誤的路線。我們可以陳鼓應爲例，看一個以追求民主爲標榜的人，如何因爲反對臺灣意識，而走到阻碍民主的道路上去。

陳鼓應一向標榜「反帝」與「民族主義」，也是個「民主人士」，然而「反帝」與「民族主義」如果不是站在臺灣的現實基礎上來講，就要淪為空洞的口號；脫離了臺灣意識，我們搞不清楚，他標榜的是什麼「民族主義」？怎樣去「反帝」？因此，當全臺灣黨外人士在一九七八年未完成的選舉中提出「中央民意代表全面改選」的共同政見時，陳鼓應的政見却獨排衆議地主張「發起召開全中國國民會議，以期中央民意代表全面改選」；這種手法不過是把一個現實的民主要求放大（因而模糊）成一個脫離現實、空洞的標語。「中央民意代表全面改選」的精神在於承認臺灣實體，主張臺灣人民有權要求他們的民主；陳鼓應却否定這個臺灣實體，認為臺灣人民能不能享受民主要由全中國十億人民來決定；這種把民主寄託在天國的作法，實在與國民黨不相上下，其實是口裡高喊口號一套，心裡想的又是另一套，黨外民主運動必須先批判這些害蟲路線，才談得上有意義的團結。黨外講民主，臺灣意識是必要條件。

臺灣意識會不會造成或擴大所謂的「省籍矛盾」呢？答案是否定的。既然臺灣社會已經形成一個政治經濟的共同體，我們已經說過，所謂的「外省人」並無法自外於這個社會，不可能也沒有跡象顯示他們自成另外一個共同體，因此所謂的「省籍矛盾」這種講法是不對的，唯一有的是主觀認同與客觀存在之間的矛盾。隨着民主運動的進展；隨着「外省人」漸漸地認識到他們的命運其實是和這一千八百萬人緊緊地依存在一起；隨着臺灣意識的普遍認同，這個矛盾終必被消滅。在我們面前的只有這麼一條路。

民主運動好像一艘在臺灣意識的潮流推動下的船，黨外只要掌握了這個動力，必能破浪前進，要有這樣的信心，就不應妥協，就不應冒然與逆流掛鈎了！

（原載一九八三年七月「生根」雜誌）

# 現階段台灣文學本土化的問題

●宋冬陽

臺灣文學的宗派問題，在最近一兩年來逐漸浮現。自鄉土文學論戰以降，臺灣的作家又發展出兩種理論，一是「臺灣文學本土論」，另一是「第三世界文學論」。這兩種理論究竟是兼容並蓄的呢，還是水火不容的呢？這個問題已引起有心人的憂慮。

李喬在最近已經指出：「『自主性、本土化論者』『第三世界論者』，今後是否形成水火不容而自相纏鬪，令關心臺灣文學的人痛心呢？關於這一點，如果回顧臺灣陷日期間，文化協會的種種往事，是令人憂心忡忡的；但願這一代的知識份子們、作家們，不再抱持着『小臺灣小心眼』的可悲心性才好。」①

這種憂慮的看法，在最近召開的臺灣文學研究會第二屆年會上，陳映眞的演講也特別提到。稍早他在離臺前的一場公開演說中，也針對臺灣文學的宗派問題提出如下的看法：

「文學上的宗派，一如其他思想上的宗派，只要它夠得上是眞正的宗派就是好的，可互相討論、吵架、論戰，對整體的進步與發展有很大的貢獻。但因思想、文化的貧困、批判精神的缺乏，使得宗派所需的一些基本條件（如知識、哲學、思想、文化）付諸闕如。在這樣情況下所標榜的宗派，往往誇張、膨脹宗派意識而忽略文學創作。早熟的宗派主義，就像沒有專業知識的人一起討論知識問題一樣，對臺灣文學的發展沒有貢獻，何況，文學宗派和文學在藝術上的評價，並沒有一定的關係。」②

李喬與陳映眞同時對文學宗派的分歧表示焦灼，可以反映出現階段臺灣文學的發展已經進入了陣痛的時期，究竟日後會催生出如何的結果，目前正引起一般關心臺灣文學前途者的密切注意。

我們不知道，臺灣文學本土論者與第三世界文學論者會不會如李喬所說，將重蹈日據時期文化協會分裂的覆轍？我們也不知道，這兩派文學理論陣營會不會如陳映眞所說，因各自膨脹、誇張而忽略了文學創作？但是，有一點我們可以確定的是，今天臺灣文學會演化成現在這個面貌，原是有它的歷史背景。

這兩種文學理論的出現，絕對不會是早熟的；臺灣文學的發展將會因這兩種理論的激盪而更形成熟。本文的目的，便在探討臺灣的本土文學論與第三世界文學論的形成原因及其內容；同時，也將進一步分析雙方的得失，以及對日後臺灣文學的影響。

## 鄉土文學論戰的意義

無可否認的，一九七七年的臺灣鄉土文學論戰，對現階段文學理論的塑造有很大的衝擊。如果不瞭解鄉土文學論戰的內容，則對今日本土論與第三世界論的形成背景就不容易弄清楚。到目前為止，對鄉土文學論戰能夠做全面性的回顧，當首推陳正醒的「臺灣的鄉土文學論戰」。③這篇文章對一九七七年論戰的來龍去脈，有極其詳盡的交代。不過，對於鄉土文學論戰的意義，這篇文章並未進一步申論。

基本上，一九七七年文學論戰的意義，大約可以從下列幾點來觀察：

第一，鄉土文學論戰，代表臺灣作家對過去三十年臺灣社會經濟的一個總的認識。

由於長期受到客觀政治環境的限制，臺灣作家對於他們所賴以生存的社會經濟條件，很少展開全面而公開的評估。鄉土文學論戰正好使臺灣作家有了一個徹底回顧與反省的機會。一種文學的誕生與成長，往往不能脫離它所處的社會經濟條件的制約。今天臺灣文學會出現當前這樣的面貌，乃是在一定的歷史背景與客觀環境之中釀造出來的。在整個鄉土文學論戰過程中，對臺灣文學與現實社會經濟之間交互關係的過程，討論得最爲周延的，應屬王拓無疑。④這方面的辯論，可以說使得文學工作者警覺到客觀環境對文學創作的影響，而且也更警覺到身爲一位作家在社會中所扮演的角色。這種警覺對後來兩種文學理論的萌芽，不能不說是相當具有啓發性。

第二，鄉土文學論戰，釐清了三十年來官方文學與民間文學兩種不同路線發展。

在此所稱的「官方文學」，乃是指根據國民黨文藝政策，配合政治上基本國策所寫出的文學作品。在論戰中，代表官方立場的批評者對鄉土文學的抨擊主要有兩點：一、指控鄉土文學具有強烈的分離主義；二、指控鄉土文學極有可能變質而只在宣揚一定的意識形態（例如「工農兵文學」⑤）。

但是，在爲鄉土文學辯護的作家中，對於這些指控並不予以理會。王拓在「是『現實主義』

文學，不是『鄉土文學』」一文中，指出鄉土文學「就是根植在臺灣這個現實社會的土地上來反映社會現實、反映人們生活的和心理的願望的文學。它不是只以鄉村爲背景來描寫鄉村人物的鄉村文學，它也是以都市爲背景來描寫都市人的都市文學。這樣的文學不只反映、刻劃農人與工人，它也描寫刻劃民族企業家、小商人、自由職業者、公務員、教員以及所有在工商社會裏爲生活而掙扎的各種各樣的人。也就是說，凡是生自這個社會的任何一種人、任何一種事物、任何一種現象，都是這種文學所要反映和描寫，都是這種文學作者所要瞭解和關心的。」⑥這段陳述等於糾正了一般對鄉土文學的曲解，而且也爲鄉土文學的範疇做了最爲廣泛的界定。總而言之，臺灣鄉土文學乃是以定居在臺灣這塊土地上的人民生活經驗爲中心，透過文學的形式來表現他們的挫折與奮鬪以及悲傷與歡愉。

第三，鄉土文學論戰，總結了戰後臺灣文學中「孤兒意識」和「孤臣意識」的發展。

在過去三十餘年之中，臺灣文學有兩股主流相互消長，一是代表官方的「反共文學」，一是來自民間的「抗日文學」。反共文學是在五十年代的特定政治環境中孕育成型，在這些作品中暗藏一股「孤臣孽子」的流亡心態；抗日文學則是承續日據時期臺灣作家的精神，在作品裏沾染了失落的「孤兒情緒」。無論是孤臣文學或孤兒文學，在發展過程中都沒有經過全面性的總檢討。這次文學論戰使得雙方都有沉思反省的機會。反共文學是既定的官方政策，經過論戰的洗禮是否做了修正，至今仍難判斷；但是，在抗日文學這邊，孤兒意識在論戰中得到過濾提煉的機會，把徬徨無依的心態化爲對臺灣本土的強烈認同，這種轉變就成了日後本土文學論的張本。

第四，鄉土文學論戰，使得臺灣本地作家陣營內部有了新的展望。

在論戰中，作家不僅對過去臺灣文學進行全面的回顧，而且對以後文學的前途也開始尋找新的出路。有一點值得注意的是，「臺灣文學」這個名詞的確立，是在論戰之中完成的；同樣的，另外一個「在臺灣的中國文學」之名詞，也在辯論的文章中廣泛使用。這兩個名詞所涵蓋的觀念，牽涉到一個文學工作者的立場。

在臺灣本地產生的文學作品，究竟應該稱爲「臺灣文學」，還是應該稱爲「在臺灣的中國文學」？這個問題就變成日後本土論者與第三世界論者的爭論焦點。因爲，這個問題密切關係到一個作家對文學的認識，以及對未來文學發展所抱持的態度。

總的看來，一九七七年的鄉土文學論戰，對臺灣文學的發展是非常有幫助的。這場進行長達一年多的辯論，變成了一個分水嶺。臺灣文學由單元走向多元，以至出現分殊趨勢，都在論戰之後更加明晰呈現出來。現階段本土論與第三世界論之間的相互競爭，大約都可在論戰的文章中找到理論根據，這一點值得進一步探討。

## 兩種理論的奠基者：葉石濤和陳映眞

葉石濤在一九七七年五月發表了一篇「臺灣鄉土文學史導論」⑦，對臺灣近三百年來的文學史做了一個概括性的總回顧。在這篇論文中，他提出「臺灣意識」一詞來詮釋臺灣鄉土文學作品的性格：

「臺灣一直在外國殖民者的侵略和島內封建制度的壓迫下痛苦呻吟；這既然是歷史的現實，那麼，反映各階層民衆的喜怒哀樂爲職志的臺灣作家，必須要有堅强的『臺灣意識』才能了解社會現實，才能成爲民衆眞摯的代表人。惟有具備這種『臺灣意識』，作家的創作活動才能紮根於社會的現實環境裏，得以正確地重現社會內部的矛盾，透視民衆性靈裏的悲喜劇。當一個作家在描寫他生存的時代時，現實的客觀存在固然會決定作家的意識，但作家的意識也會反過來決定存在；而這時候，構成作家意識的重要因素之中，積累下來的民族的反帝反封建的歷史經驗，將佔有一方廣大的領域。民族的抗爭經驗猶如那遺傳基因，鏤刻在每一個作家的腦細胞裏，左右了他的創造性活動。臺灣作家這種堅强的現實意識，參與抵抗運動的精神，形成臺灣鄉土文學的傳統，而他們的文學必定是有民族風格的寫實文學。」

這段言簡意賅的陳述，可以說是葉石濤文學批評的理論基礎。他在文中所說的臺灣意識，並非只是停留在政治的層面而已，他是從歷史背景、經濟結構、文化演進等等方面來探討臺灣意識的形成和凝聚。他的文學理論誠然是以史實爲依據的，將近四百年來的臺灣社會，是在移民者的辛勤開拓與殖民者的瘋狂掠奪之交互過程中一點一滴累積塑造的。在殖民者的一方，每一個新的統治者都利用舊統治者殘存下來的殖民體制進行新的經濟剝削，從而也建立一套全新的殖民體制。在移民者的一方，他們一方面在內部進行械鬪、彼此爭利，另方面却又學習如何團結起來抵抗外來的統治者。經過三百餘年的磨練與考驗，無根的殖民統治者雖經屢次更迭，但是生根的移民者則在特定的社會經濟條件制約之下，再配合他們主觀願望的抗爭意志，終於慢慢釀造了一種堅强的本土意識，並進一步發展成爲現在所公認的臺灣意識。

以臺灣意識爲基礎的文學作品，便是一般通稱的「臺灣鄉土文學」，這也就是葉石濤在那篇導論中所說的：「臺灣的鄉土文學應該是以『臺灣爲中心』寫出來的作品；換言之，它應該是站在臺灣的立場上來透視整個世界的作品。」葉石濤舖陳出來的理論，正是後來的臺灣文學本土論者進一步要申論的。

但是，葉石濤的觀點立卽引來陳映眞的反駁。一九七七年七月，陳映眞寫了一篇「鄉土文學的盲點」⑧，認爲葉石濤所說的「臺灣立場」，顯得很曖昧而不易理解。陳映眞的基本論點約略如下：

第一、他說：「『臺灣立場』的最起初的意義，毋寧只具有地理學的意義。它在近代的、統一的中國民族運動產生之前，相應於中國自給自足的、以農業和手工業爲基礎的中國社會經濟條件，而普遍存在於中國各地。」

第二，他認爲一般人所說的「臺灣意識」和「臺灣人意識」，是在日據時代臺灣經過近代資本主義的改造，發展成不同於同時代中國大陸的社會階段之後才產生的。他說，臺灣意識只存在於資本主義過程中新近興起的市民階級之中；而市民階級中的資本家，大多和土地資本無關，只有漢奸份子和股票投機份子。他又說，臺灣籍的資本家只有分得利潤之權，而無直接經營和管理之權。

第三，基於上述兩個論點，陳映眞總結出如下的立論：「在日治時代的臺灣，是農村——而不是城市——經濟在整個經濟中起着重大作用。而農村，却正好是『中國意識』最頑強的根據地。再就城市來說，由於臺灣籍資本家也同受日本歸民者在經濟上、政治上的壓迫，有反日的思想和行動。而這些城市中小資本家階級所參與領導的抗日運動，在一般上，無不以中國人意識爲民族解放的基礎。這是只要熟悉日治時代臺灣民族運動和文學運動的人所深刻理解的。因此，在這個階段中的『臺灣意識』，除了葉（石濤）先生所不憚其煩地、堅定指出的『反帝、反封建』的現實內容之外，實在不容忽略了和臺灣反帝、反封建的民族、社會、政治和文學運動不可分割的、以中國為取向的民族主義的特質。」

陳映眞的理論，是建立在葉石濤的反面觀點之上。他的整個理論架構，是把三百餘年來的臺灣歷史發展過程納入中國近百年的歷史脈絡裏，因此，在理論的推演上與葉石濤的出入甚大。

在陳映眞的歷史認識裏，日據時代以前的臺灣社會，與近代民族運動之前的中國社會是毫無二致的。所以他才會說，「臺灣立場」在最初只有地理學上的意義。在這點上，正好反映出陳映眞對日據時代以前臺灣史瞭解的粗疏與荒蕪。從史實來看，臺灣的農村制度與中國的農村制度是非常歧異的，例如荷蘭時代的「王田制」，鄭氏王朝時期的「官田制」，滿淸時代的「大租小租制」，以及日據時代以近代法權觀念所進行的土地掠奪，都是不折不扣的殖民剝削性格，而這種殖民性格在中國農村是根本不可能發現的。

自鴉片戰爭以降，中國東南沿海飽受帝國主義者的侵略欺凌，特別是在不平等條約下所開放的通商口岸和租借地，中國意識確實被破壞得相當徹底，取而代之的是一種濃烈的買辦色彩。但是，在廣大的中國農村，仍然完整地、鞏固地保留了近代以前的封建制度，從而傳統所傳承下來的中國意識（其實是「漢族意識」），中國意識是二十世紀才有的產物），也幾乎一塵不染地保存下來，這也就是陳映眞所說的，「農村正好是『中國意識』最頑強的根據地」。

陳映眞的歷史論點運用在中國社會雖然可以成立；但是要套用在臺灣社會之上，顯然是格格不入的。因爲，臺灣社會是一個典型的移民社會。在三百餘年之前，漢人移民踏上臺灣土地之後，便立卽跨進近代史的世界舞臺了。他們被迫要與來自歐洲的荷蘭人與西班牙人對抗，臺灣先民在抵抗鬪爭中受挫，使得臺灣成爲帝國主義者在世界各地殖民掠奪過程之中的不可或缺的一環。對臺灣先民而言，「中國意識」是不能當做武器使用的；當他們渡海而來時，他們早已知道無力的封建的中國是不可能挽救他們的，否則他們不必冒死而離鄉背井。在與外來統治者的抗爭中，臺灣先民所發展出來的意識，勿寧是一種「本地人意識」。

陳映眞在檢討臺灣歷史時，認爲臺灣農村「正好是『中國意識』最頑強的根據地」，這種說法其實並沒有任何史實的依據。在他的假想裏，日據時代所產生的「臺灣意識」只存在於都市新興的小市民階級之中，而這小市民階級的經濟基礎則完全依傍於「工業日本、農業臺灣」的限制之下；他的意思是說，「臺灣意識」的經濟基礎是相當薄弱的。相形之下，農村經濟才是當時臺灣社會推動力量的主導，從而他假想中的「中國意識」也因農村經濟力量起了重大作用而特別堅強旺盛。

陳映眞的這些理論不僅是假想，而且是空想的，因爲臺灣歷史上從來沒有發生過這樣的事。在日本殖民體制的統治之下，臺灣的每一寸土地——包括都市和農村——都不能逃避剝削掠奪。如果臺灣農村經濟在日據時期起了重大的作用，那絕對不是以臺灣農民爲主體的，而是以日本資本家的魔爪爲推動力量的。日據時期臺灣農村破產的景象，可以從賴和、楊逵的小說中獲得一個具體的面貌。

客觀歷史的發展，絕對不會按照陳映眞個人的主觀願望去進行。他以二分法來解釋日據時期的兩種政治意識——都市裏的「臺灣意識」和農村中的「中國意識」，可以說完全不符史實。在日據時期，臺灣農民比任何一個社會階級還要早受到殖民者的壓榨剝削；正因爲如此，近代有意識的農民運動，領先了工人運動和知識份子的文化運動。臺灣農民的反抗行動絕對是「反帝、反封建」的，但是從血跡斑斑的史實中，我們並沒有看到「以中國爲取向的民族主義的性質」。在激烈的抗爭過程中，臺灣農民所要求的是他們自己土地的解放，他們如何能夠提出「解放中國」的要求呢？

至於具有「臺灣意識」的城市知識份子，陳映眞認爲：「這些城市中小資本家階級所參與領導的抗日運動，在一般上，無不以中國人意識爲民族解放的基礎。這是只要熟悉日治時代臺灣民族運動和文學運動的人所深刻理解的。」陳映眞的這種理解，顯然與歷史事實又相距甚大。客觀的歷史告訴我們，一九一九年，林呈祿、蔡培火、王敏川、蔡式穀、鄭松筠、吳三連在日本東京籌組「啓發會」時，就提出「臺灣是臺灣人的臺灣」之主張⑨。日後的政治團體，如一九二七年的「臺灣民黨」，揭示「期實現臺灣人全體之政治的經濟的社會的解放」之主張；同年的「臺灣民衆黨」也高舉「本黨以確立民本政治，建設合理的經濟組織及改革社會制度之缺陷」之旗幟。這些右翼組織，全然是以追求臺灣人的自治爲終極目標。至於左翼團體如臺灣共產黨者，則更進一步主張「臺灣獨立」。只要稍微熟悉臺灣歷史的人，都必然與陳映眞的理解有很大的出入。

然而，陳映眞的歷史觀如此，他的文學理論又是依此而發展出來，所以在他行文之際，凡提到臺灣文學之處必然是以「在臺灣的中國文學」來概括。這個名詞，與其說是文學語言，倒不如說是政治的語言。在他的思想模式中，「臺灣意識」既然是附屬於「中國意識」之下，那麼，臺灣文學也就無可避免是中國文學的一個支流了。

陳映眞以沒有史實根據所建立起來的文學理論，就變成日後「第三世界文學論」的一個重要指導。

基本上，現階段本土論和第三世界論之間的爭執，主要是起源於對歷史認識的不同所致。葉石濤的文學理論內容，是把過去三百餘年來的臺灣社會當做一個獨立的、被迫害的殖民地社會來看，陳映眞則把歷史視野放在近百年的中國，然後把臺灣社會置於中國歷史的脈絡裏。出發點既然不同，雙方所引申出來的理論自然就參差不齊了。

# 「邊疆文學論」的挑戰與回應

有一個事實是非常明顯的，那就是「在臺灣的中國文學」一詞在鄉土文學論戰中使用得相當廣泛。這種概念推演到極致，臺灣就成了邊疆地區，而臺灣文學也就成了「邊疆文學」了。這種概念，自然而然變成日後的一個爭論點。

這種爭論的爆發，是因爲詹宏志所寫的一篇小說評論「兩種文學心靈」而引起的⑩。他在文章的一開始就說：

「有時我很憂心。杞憂着我們卅年來的文學努力會不會成爲一種徒然的浪費？如果三百年後有人在他中國文學史的末章，要以一百字來描寫這卅年的我們，他將會怎麼形容，提及那幾個名字？小說家東年曾經對我說：『這一切，在將來，都只能算是邊疆文學。』」

詹宏志緊接着說：

「邊疆文學。這一辭深深撼動了我，那意味着遠離了中國的中心，遠離了中國人的問題與情感，充滿異國情調，只提供浪漫夢幻與遐思的材料……。如果我們還能因着血緣繼續成爲中國的一部分；如果三百年後我們應得的一百字是遠離中國的，像馬戲團一般的歷史評價——我們眼前這些熙來攘往繁盛的文化人，豐筵川流的文壇，孜孜矻矻的創作活動，這一切，豈非都是富饒的假象？」

詹宏志的悲觀，顯然是從陳映眞的文學理論擴張出來的。也就是說，臺灣文學是中國文學的一個支流，在地理上，中國是中心，而臺灣是邊疆，則將來有關臺灣文學的歷史只能安排在中國文學史的最後一章，而且又只能以百餘字來紀錄。爲此，詹宏志感到憂心忡忡。他擔心遠離中國人的問題和情感，更擔心現在的一切努力都只不過是一場假象而已。換句話說，在臺灣定居的人民所遭遇的問題和情感，如果不納入中國的脈絡來看的話，則這一切都是白費的。

詹宏志的見解是近乎離奇的。爲什麼臺灣文學必須只能放在中國文學史裏？而且又必須放在最後一章，甚至只用一百字來紀錄？爲什麼在臺灣誕生的文學作品不能寫成臺灣文學史？爲什麼遠離了中國的中心，臺灣文學的努力就成白費的？對於上面這些問題，詹宏志顯然沒有仔細考慮過。

果然，詹宏志的看法立即引來許多回應。新生代批評家高天生指出：

「一個創作者無端地自比爲旁支的庶子，我認爲是沒有必要的自我菲薄；而一個批評者，將現代作品置放於整個中國文學史中去定位，無端惹來悲觀、沮喪的情緒，則是一種迷失歷史方向後的錯亂。我們認爲當代的作品，唯有放置在臺灣文學史裏去評估，才能貼切地凸顯出其意義，及獲得確切的定位。」⑪

如果詹宏志的論調是代表棄兒或孤兒的喟嘆，則高天生的見解便是一種自主、奮發、進取的心聲。

臺灣新文學的發展，無疑是受到中國五四文學的啓蒙與刺激；從這個歷史角度來看，把臺灣文學視爲中國文學的一部份，應該是可以成立的。但是，要談歷史問題，就不能以孤立和抽離的方式來觀察；因爲，在日據時期，臺灣文學家也頗受日本文壇與政治運動的影響，這一點在楊逵、葉石濤的小說中表現得非常淸楚。同樣的，戰後的臺灣小說家，如林懷民、黃春明、陳映眞等人，也頗受西洋文學的衝擊影響。從相同的歷史角度來看，臺灣文學甚至也可以說是日本文學和西洋文學的一部份了。如果文學問題要這樣討論的話，倒不如說臺灣文學是世界文學的一部份，而不僅僅隸屬一個地區或一個時代。

詹宏志提出「邊疆文學論」一詞，誠然對臺灣作家的本土意識產生了相當大的刺激。這使得從事文學工作的人開始反省，究竟應該站在什麼立場來對待臺灣文學？詹宏志的挑戰，與高天生的回應，只不過是一個開端而已。爲了「臺灣文學」一詞，『臺灣文藝』特地舉辦了一次座談會，小說家李喬與宋澤萊也對此提出他們的看法。李喬認爲：

「從歷史來考察：『臺灣文學』的性格是反封建、反帝、反迫害的文學，更是特別關心大衆疾苦的文學，卽最富人道精神的文學。從現實角度看，『臺灣文學』的性格是生活在臺灣的人們苦樂悲歡的發言人，理想與期待的發言書。至此『臺灣文學』已經確有其獨特的位置、意義、價值，以及充滿可能性的文學實體。從現階段的努力重點看，『臺灣文學』的性格，仍然繼承它的歷史性格，注意反映現實，關心多元社會的諸象，以期繼續提昇生活素質，改進大衆生活。另一方面又是醫治懷有流亡心態的人們，拾回面對現實積極人生的靈藥。」⑫

李喬的觀點可以說與葉石濤的見解是同條共貫的。他們都同樣從歷史與現實的立場來探討臺灣文學的內容；相形之下，詹宏志的討論則完全離開文學的立場，而只在強調地理學的意義。進一步考察李喬的論點，他對臺灣文學的理解是很有包容性的，他說：

「所謂『臺灣文學』是因爲四百年來，臺灣這個特定的生活空間，由於它特有的歷史經驗，和此地廣大民衆所獨有的處境、苦難、希望，以及奮鬪的目標，於是形成了『臺灣文學』這一特異的文學面貌。『臺灣文學』終究是中國文學的一部份；正如『中國文學』畢竟也祇是人類文學的一部份一樣。」

換句話說，汲汲於把臺灣文學納入中國文學的一部份，說穿了也仍然是世界文學的一部份罷了。在討論這個問題的時候，並不能輕易而粗暴地抹煞臺灣社會的固有特性，對臺灣個性不愼重深入去認識瞭解，却只是粗枝大葉宣稱「臺灣文學是中國文學的一部份」，這對臺灣文學、中國文學的理解都只能停留在浮面而已。

宋澤萊在討論這個問題時，直截了當地揭示了臺灣文學的三個傳統：第一、臺灣文學向來都是為臺灣這羣人擺脫異族控制而做見證的文學；第二、臺灣文學向來都是為臺灣這羣人爭取政治的民主而做見證的文學；第三、臺灣文學向來都是為臺灣這羣人爭取經濟平等而做見證的文學。他坦白指出：

「在這種傳統中，臺灣的文學價值就隱約可見了，它豈不在㈠擺脫弱小民族的桎梏㈡朝向富足的天地的大道上邁進。基本上，臺灣文學是屬於所謂的『第三世界』的，既不類歐美及其附庸，更不類蘇共及其邦國。臺灣文學有她的獨特經驗，在血淚中提供了未來即將邁向自主的第三世界國家一種寶貴的範例。而有那一個人膽敢宣稱臺灣文學是一種『支脈的』、『附屬品的』文學呢？」⑬

宋澤萊在這裏觸及了一個極為重要的問題，便是把臺灣文學視為掙脫弱小民族桎梏的反抗武器之一，同時他又把臺灣文學放在第三世界文學的立場來看。這種包容性格，可以說已間接對日後的第三世界文學論者提出了答覆。質言之，臺灣文學論者在強調本土自主地位的同時，不僅沒有排斥中國文學，而且也沒有排斥第三世界文學。相反的，他們都兼容並蓄地把臺灣地區以外的文學納入臺灣文學的範疇之內。

「臺灣文學」一詞的確立，經過這樣的討論就更顯著了。相形之下，「在臺灣的中國文學」論者就呈現了一片無力感；詹宏志在一九八一年六月臺灣文藝雜誌社主辦的「臺灣文學的方向座談會」中就坦白承認：

「（邊疆文學一詞）讓我產生了那種疏離、無助的感覺，好像遠離了整個中國，遠離了整個中國文化的中心，我們變成了在一個小角落裏耍把戲的一小撮人。我的意思是，藉着邊疆文學這個名詞，我想指出一個可能：雖然臺灣文化的發展，跟整個中國傳統的文化，因爲卅年來的隔閡，已經因爲生活制度，社會制度的不同，而形成一種過於獨特的面貌，以至於雖然因着血緣的緣故而必須繼續成爲一體，但在文化上已經無法統一了。如果不可能，那麼在這個文化傳統下的文學史，會以一種很怪異的眼光來看我們的文學。也就是說，我們這些尊嚴的奮鬬，竟至變成可笑的東西！」⑭

詹宏志的徬徨與無助，再次暴露了以「中國爲中心」的矛盾與缺漏。他一方面認爲「臺灣文學是中國文學一部份」，一方面他又自嘲是「耍把戲的一小撮人」，是「可笑的東西」，這種想法也眞的不免是可笑的了。

詹宏志的蔽障，在於他對臺灣歷史與中國歷史的不瞭解。他以爲，臺灣與中國在社會、生活制度上的不同，是肇因於「卅年來的隔閡」；換句話說，在他的觀念裏，臺灣社會與中國社會在一九四九年以前是相同的。更進一步說，他甚至以為，在三十年前臺灣並沒有「遠離中國的中心」。詹宏志自己籠罩在這樣的歷史幻影底下，無怪乎他面對這三十年來的生活現實會如此悲觀而挫折了。

臺灣歷史並非只在一九四五年以後才發展出來的；很不幸的是，詹宏志的歷史視野却只集中在最近三十年的「隔閡」。如果他發現臺灣與中國竟至已「隔閡」了將近四百年，恐怕就會更悲觀吧。要觀察臺灣歷史和臺灣文學，不能機械地視為「中國的一部份」就可獲得瞭解。三百餘年來的臺灣移民社會，具備一套長期的改造過程，那就是把來自古老中國的漢人，改造成適應於臺灣風土的拓植者。臺灣先民便是在這種動態的改造中，漸漸放棄他們的歷史包袱。在他們的觀念裏，並非是「以中國為中心」的，他們的中心其實是他們立足的土地。所謂「以中國為中心」的想法，只不過是知識份子自我纏繞的一個情結，這種問題在勞動者的內心是不會構成任何困擾的。

詹宏志以近三十年的歷史標尺來衡量臺灣的三百餘年歷史，自然出入甚大，所以他終於免不了要感到悲觀；這一點與陳映眞的情況一樣，只是拿近百年的中國歷史尺碼來窺探將近四百年的臺灣歷史，因此也只能瞭解臺灣歷史的浮光掠影。然而，偏見畢竟不能代替歷史；而所謂「邊疆論」和「支流論」，就更不能幫助瞭解臺灣文學了。

## 臺灣本土文學論的確立

如前所述，「臺灣文學」一詞是在鄉土文學論戰中提出的；經過「邊疆文學論」的挑戰，這個名詞便取代了過去一般所廣泛使用的「鄉土文學」。

這種發展代表了臺灣工作者的一個進步；因爲，他們掙脫了論戰中對「鄉土文學」的形式上的爭議，而以更具包容的態度把臺灣島嶼上誕生的文學直接稱爲「臺灣文學」。他們更進一步以臺灣的歷史事實來解釋臺灣文學形成的原因、內容及其特性，使得「臺灣文學」一詞，不再停留於字義上的闡釋，而是以具體而客觀的現實爲基礎。

不過，隨着「臺灣文學」一詞的確立，臺灣本地作家的陣營內又立刻出現了兩種理論，一個是本土文學論，一個則是第三世界文學論。兩種不同的理論，竟成了外界所傳說「南北分派」的根源。這種謠言在一九八一年之中，散佈得甚爲廣泛，但究竟如何區分，却是衆說紛紜。

從事實的發展來看，強調臺灣本土文學論的作家，大致是以『文學界』與『臺灣文藝』爲中心；而第三世界文學論的作家，則大致集結於『夏潮論壇』與『文季』這兩份刊物上。至於這是不是一般所說的「南北分派」，就不是外人所能判斷的。

那麼，強調臺灣本土文學論的作家，他們是如何發展出自己的理論呢？這一點可以用新生代評論家彭瑞金的看法做爲例證，他說：

「只要在作品裏眞誠地反映在臺灣這個地域上人民生活的歷史與現實，是根植於這塊土地的作品，我們便可以稱之爲臺灣文學。因之有些作家並非出生於這塊地域上，或者是因故離開了這塊土地，但只要他們的作品裏和這塊土地建立存亡與共的共識，他的喜怒哀樂緊繫着這塊土地的震動旋律，我們便將之納入『臺灣文學』的陣營；反之，有人生於斯、長於斯，在意識上並不認同於這塊土地，並不關愛這裏的人民，自行隔絕於這塊土地人民的生息之外，卽使臺灣文學具有最朗廓的胸懷也包容不了他。」⑮

彭瑞金在這裏提出一個很重要的概念，那就是「臺灣意識」。這點其實是申論葉石濤在「臺灣鄉土文學史導論」一文所提出的觀點，亦卽惟有具備堅強臺灣意識的作家，才能夠紮根於臺灣的社會現實，揭露社會內部的矛盾，而成爲臺灣民衆的代言人。彭瑞金主張應該以臺灣意識做爲一個檢視網，不僅用來考察近數十年來的臺灣新文學運動，而且也用來檢驗三百年來自荷鄭以降的所有臺灣文學作品。

這種看法無疑是在鄉土文學論戰中建立起來的；精確一點來說，要評估臺灣文學的作品，應該是從它本身固有的歷史背景和本身立足的現實環境出發，而不是站在臺灣島嶼以外的土地上來觀察臺灣文學。

但是，什麼是臺灣意識呢？對這個問題，臺灣作家已經密切注意到了。從消極方面來看，宋澤萊提出一個正確的見解：

「什麼是臺灣的感受或者什麼是臺灣文學所記錄下的臺灣人感受？我想用『被殖民感受』最恰當。……如果這羣人對『被殖民』有了感受，一定會反應出被殖民的行爲，這些行爲有許多方式，但殖民地通達到自立之路，離不開抵抗——反叛——解放的這條途徑。」⑯

在這種感受的驅使之下，臺灣本土作家才會寫出抵抗性的文學和反叛性的文學。在臺灣作家中，宋澤萊認爲寫出抵抗文學的有賴和、楊華、吳濁流和鍾理和；而表現出反叛性格的，則應推楊逵無疑。

從積極方面來看，臺灣意識乃是一定的社會、經濟發展下的產物。目前在臺灣對此問題談到最好的是陳樹鴻。⑰他認爲，在十九世紀中葉以前，臺灣還未建立起全島性經濟時，當時的社會仍停留在聚落式的、自給自足式的經濟階段，因此那時候只有強烈的「漳州意識」、「泉州意識」或「客家意識」。到日本佔據臺灣以後，爲了協助殖民帝國的發展，乃開始進行資本主義化的建設，從而促進全島性企業的擴張。臺灣的社會經濟至此完成了初步的整合，全島人民的生產關係也獲得契合，於是一種全島性休戚與共的臺灣也跟着塑造成型。這種長期歷史的推演，一直到進入二十世紀七十年代以後，整體性經濟的發展，更是衝擊了臺灣社會的各個層面，臺灣意識變成了一股無可抵擋的推動力量。陳樹鴻指出，七十年代臺灣鄉土文學運動與臺灣民主運動，乃是臺灣澎湃洶湧衝擊下的必然產物。

綜合宋澤萊與陳樹鴻兩人的看法，就可瞭解臺灣意識的凝結，是因爲臺灣人民受到一定社會經濟條件的制約，再加上他們主觀願望對此偏頗社會經濟條件的反抗。前者是靜態的、被動的；後者是動態的、主動的，雙方交互作用產生的結果，便是今日爲大家普遍公認的「臺灣本土意識」；而以臺灣本土意識爲基礎所寫出的作品，則是一般通稱的臺灣本土文學。

臺灣本土文學論者的主張，事實上最好的雄辯便是他們的作品。離開臺灣文學的具體內容，而空泛地指稱它們是「中國文學的一部份」，甚至擔憂它們在三百年後屈居「中國文學最後一章」，這些都是不足爲訓的。

## 第三世界文學論

然而，在臺灣本土作家的陣營內部，「臺灣文學」或「臺灣本土文學」一詞，已經變成了一個政治語言；相對的，鄉土文學論戰期間所提出的「在臺灣的中國文學」一詞，也無可避免變成了另一個政治語言。前者是以「臺灣意識」爲基礎的；後者則是以「中國意識」爲基礎，這樣的發展是很微妙的。

近一兩年來，強調「中國意識」的臺灣本土作家，以陳映眞爲中心，開始主張「第三世界文學論」，並且認爲這種理論與臺灣本土文學論是對立的。陳映眞的見解，可以追溯到一九七七年他所寫的「鄉土文學的盲點」一文，他說：

「在十九世紀資本帝國主義所侵凌的各弱小民族的土地上，一切抵抗的文學，莫不帶有各別民族的特點，而且由於反映了這些農業的殖民地之社會現實條件，也莫不以農村中的經濟底、人底的問題，作爲關切和抵抗的焦點。『臺灣』『鄉土文學』的個性，便在全亞洲、全中南美洲和全非洲殖民地文學的個性中消失，而全中國近代反帝、反封建的個性中，統一在中國近代文學之中，成爲它光輝的、不可割切的一環。」⑱

陳映眞的說法非常令人困惑，甚至非常不可理解。他認爲，臺灣是一個殖民地，臺灣的文學是反映殖民地農村中的經濟和人的問題；這一點部份是可以成立的——事實上，日據時期的臺灣文學還反映了都市的知識份子和工人的問題。但是，陳映眞並沒有解釋，爲什麼臺灣文學會突然在全亞洲、全中南美洲和全非洲殖民地個性中消失？他的事實證據是在那裏呢？

如果推測沒有錯的話，陳映眞的意思是說，臺灣文學與亞、非、拉丁美洲的文學都同屬於殖民地文學；既然都是殖民地文學，所以臺灣文學已失去了它獨特的個性。這樣的見解是非常離奇的，卽使臺灣與亞、非、拉都同屬殖民地社會，但各個地區所面臨的問題並不全然一樣，爲什麼臺灣文學必須失去它的個性？

更令人不可思議的是，臺灣文學在亞、非、拉殖民地文學的個性消失以後，立刻就成爲中國近代文學不可切割的一環。這種推理，究竟是以什麼樣的事實爲根據呢？縱然不討論陳映眞的前提是如何設立的，僅是觀察他的結論，也是相當不能理解的。

臺灣新文學是反帝、反封建的，這點是無可推翻的；中國新文學也是反帝、反封建的，這點也是可以成立的。然而，同樣是反帝、反封建，是否因此就可逕稱臺灣文學是「中國文學不可切割的一環」呢？陳映眞顯然沒有看出，近三十年來，臺灣作家與中國作家所面臨政治、社會、經濟體制的不同；總而，他們所遭遇的生活環境以至民族前途的問題也大大不同。不但如此，自二十世紀初期以來，臺灣作家與中國作家早就各自具有不同的任務，我們實在看不出，爲什麼臺灣作家必須附屬於中國作家的範疇之內？這都是陳映眞沒有交代清楚的。

而且，陳映眞既然把臺灣文學視爲中國文學的一部份，他其實是可以把臺灣文學稱爲「中國文學」，爲什麼要舉出「第三世界文學」的旗幟？

要回答這個問題，就必須先看陳映眞個人的心路歷程。他說：

「十多年前，我是個激進派。當時，我從中國大陸的各種發展中去尋找各種問題的答案。現在，我知道這是荒唐的。擧例說吧，關於外國人的投資，我曾以爲中共會處理得很得當。可是你瞧他們現在抱着洋人的腿的樣子。」⑲

陳映眞最初是認同中國大陸的政權的，但是自「四人幫」垮台以後，中國的內幕都公諸於世，使得過去對中國迷戀的知識份子都甦醒過來，陳映眞當然也不例外。這個現實，對他的政治信仰自是一大打擊，對他的文學理論也是一大考驗。非常清楚的。如果堅持把臺灣文學稱爲中國文學，他自信不能說服自己，更不能說服臺灣的文學工作者；因而「第三世界文學」的理論，就成了他思想受挫以後的另一個出路。只要經過合理化的解釋，把臺灣文學納入第三世界文學的範疇之後，最後仍可歸出「臺灣文學是中國文學的一部份」之結論。

陳映眞是這樣解釋的：

「中國，像其他第三世界國家一樣，面對着深刻的國內和國外的問題。在這樣的國家中，民衆總是在文學、藝術中尋求各種急待解答的問題的答案。……因此，中國近世文學，與第三世界近世文學一樣，是現實主義的，革新的，干涉生活的文學，對於一些嚴重的政治、經濟、文化、道德諸問題，提出『直接』、『有力』的表現。在五四以後的大陸與臺灣，在『四人幫』浩刼後的中國，在目前的臺灣，現實主義的、干涉生活的精神仍是我們整個中國文學的主要傳統。」⑳

陳映眞的解釋，是含混的、不確定的、語義不明的，而且是相當粗暴的。

他的含混與不確定，表現在他的歷史觀念上；因為，他把「五四以後的大陸與臺灣」、「四人幫浩刼後的中國大陸」、「目前的臺灣」完全混為一談，他竟忽略了在不同的歷史階段，在不同的地區，是有各自社會經濟條件，並且有各自不同的意識，總而作家的文學作品也有着極其不同的表現。

如果現實主義的、干涉生活的精神是第三世界文學的共同主流，陳映眞為什麼不說中國文學在第三世界文學的個性中消失呢？為什麼臺灣文學納入中國文學的傳統之後，就算是最後的結論呢？

陳映眞用心良苦的解釋，只不過在模糊臺灣文學的個性而已，並且進一步企圖模糊臺灣意識的界線。所以，深入探討他的文學理論的話，那只不過是在為他的「中國意識」服務罷了。

陳映眞的粗暴，顯現於他對現階段中國大陸社會與臺灣社會的等量齊觀。無可否認的，臺灣在近三十年來所受外國資本的侵略，至大且鉅；尤其是在七十年代以後，跨國公司對臺灣社會的衝擊影響，已到了無可想像的地步，正如陳映眞指出的：「在臺灣，一個與它的生產力不相應的大衆消費文化社會正在形成。」㉑他提出的「大衆消費文化社會」一詞，不僅暗示了臺灣所受跨國公司汚染的結果，而且——很不幸的——也正好區分了臺灣社會與中國大陸社會的不同。

落實的說，身處當前臺灣社會的作家，他們所面臨的問題，與現階段中國作家的問題是不同的。近三十年來，中國大陸境內並沒有帝國主義的問題，帝國主義者早在一九四九年就被驅逐出境了。在一個帝國主義侵略已經絕跡的社會主義國家中，中國作家究竟遭到什麼樣的問題呢？一言以蔽之，那就是中國人欺壓中國人的問題。

陳映眞自己也承認這樣的事實：

「吳晗、巴金、蕭珊、胡風、艾青、丁玲、翦伯贊、陸侃如、馬寅初、粱漱溟、儲安平、章乃器、陶孟和、熊十力……這些優秀的、愛國的作家、文化人，背負了什麼樣屈辱的罪名，遭遇了多麼悲慘的命運。而這些，還只是比較著名的人物。至於中下結構中的知識份子、教師、技術人員……遭到沖擊的人，眞是不知凡幾。」㉒

這些作家與知識份子所受的汚辱，難道是帝國主義帶來的嗎？難道是跨國公司帶來的嗎？事實證明：這些被欺凌、踐踏、損害，以至被迫走向死亡的知識份子，全然是遭到「中華民族主義」的壓迫。這原是殘酷的歷史的嘲諷，當他們含淚高舉「中華民族主義」的旗幟時，他們內心必然感到神聖而不可侵犯；很不幸的，他們的悲劇結局，竟然也是仆倒在「中華民族主義」的旗幟下。

近三十年來，甚至到了八十年代的今天，「中華民族主義」是極其動人的一面鮮艷的旗幟，所以在中國境內，歷來的政治鬪爭過程中，每次受到犧牲的，既不是帝國主義者，也不是跨國公司，而都恰好是中國人自己。陳映眞單純地用帝國主義的問題來看中國大陸社會的內在矛盾，是非常不正確的。把中國近代歷史傷痕的責任完完全全推給帝國主義者，也是非常不正確的。陳映眞應該花一點時間冷靜檢討中國民族性的問題，在這方面魯迅可以說已做了很好的開路工作。

身在臺灣的作家，他們所面臨的問題遠比中國作家複雜。最主要是，臺灣近三百年來的反帝、反封建的歷史任務還沒有完成（「反帝」的問題，至少在中國境內已經完成了）。在最近三十年的反帝、反封建的過程中，臺灣社會穿揷着敏感的「省籍問題」，嚴重的外資問題，高速工業化所帶來的環境污染和道德汚染問題，長期難以解決的貧富問題……等等。這些問題並不是中國作家所能深解的，只有生於臺灣、長於臺灣、關心臺灣的作家才會對這些問題產生切膚之痛。如果僅用「第三世界」一詞，就要籠統涵蓋臺灣與中國這兩個不同社會，從而把兩個社會等同起來，這種理解不只是粗糙的，而且是粗暴的。

誠然，陳映眞是臺灣戰後嚴厲批判國際資本主義跨國體制的一位主要作家。因爲他的提醒，而使臺灣本土作家有了警覺。他指出：

「跨國企業這些巨大而深刻的影響，並不是以利炮船堅加在弱小國家的領土。它是以甜美的方式——『進步』、『舒適』、『豐富』、『享樂』……這些痲醉人的心靈的消費主義，加在我們的生活和文化上，需要一點批判的知識，才能透視它的眞相。」㉓

陳映眞的忠告是對的，值得重視的。關心臺灣前途命運的作家，沒有理由不注意、不正視這個問題。不過，對於第三世界文學稍有涉獵的人都知道，一個地區飽受外來文化的侵略之後，最後就會產生對等的行動進行抵抗，這就是一般所稱的本土運動。臺灣文學的本土化運動，正是對長期以來的西方文化侵略的一個反動。在提倡本土化文學的作家中，他們可能沒有發展出一套完整而有系統的批判，對跨國公司體制予以分析、反擊；他們也可能還沒有撰寫出一系列作品，對跨國公司體制予以暴露、反抗。但是，這並不能說提倡本土文學的作家對跨國企業的影響「渾然不覺」。

事實上，陳映眞所提出的一連串的第三世界文學理論，正好恰如其份地爲臺灣本土文學論做了最好的補充。

# 都是臺灣經驗的臺灣文學

臺灣本土文學論與第三世界文學論，是不是必然會發生衝突的呢？要回答這個問題，就必須先探討這個問題的來源。這一點可以參閱『大地生活』訪問陳映眞時的一段回答㉔：

**問**：有人認爲臺灣社會與大陸及第三世界並不同，所以臺灣文學應該尋找它的「自主性」。你的看法不知如何呢？

**答**：我十分注意這一「理論」的形成。截至目前爲止，我以絲毫不輕蔑的意思說，這「理論」目前還在幼稚的形成期。我注意它，一方面也願意它是正確的，以便矯正我可能的錯誤。很顯然，我不同意這種看法。但目前我不想、也不便發表任何意見。原因之一，是因爲它還不具一個嚴格意義的理論形式與內容；原因之二，是處在當前條件下，那理論的發展與發表有客觀的困難，我不能利用這共同身受的困難來激人議論，這是不道德的。

從問者與答者的內容來看，已經暗藏一個解釋，那就是臺灣本土文學論與第三世界文學論是對立的、不能包容的。事實上，自一九七七年提出「臺灣文學」一詞以後，從來沒有一位本土作家是把臺灣排除於第三世界的範疇以外。強調臺灣本土文學論者的基本態度是：第一、臺灣文學的價值必須從臺灣本身的歷史與現實來評估；第二、臺灣文學不是隸屬於其他地區的文學，它本身早就有其自主性。這兩個基本態度，並不構成對臺灣地區以外的文學，以及對其他不同文學理論的對立和仇視。

本土論者如宋澤萊，早就指出臺灣文學的表現，與第三世界文學是一致的。臺灣作家，正如第三世界的任何國家的作家一般，都在追求本國自主性的文化的建立。這種看法，到了最近又獲得更明確的申論。許水綠為臺灣文學下了一個極其簡潔的界說：「臺灣文學是胸懷臺灣本土，放眼第三世界，開拓自主性及臺灣意識的文學。」㉕

許水綠特別強調：「目前有所謂『自主性，本土化論者』與『第三世界論者』的紛爭。其實這不應該成為論爭。因為兩者都是臺灣文學不可或缺的要素。前者是屬於臺灣文學的內在範疇，後者是外在範疇；兩者都統一在臺灣文學運動裏，並且又透過文學而統一在臺灣社會運動裏。」

沒有一位臺灣作家自甘情願囚禁在本土的格局裏，他們也願意把眼光投射在中國、亞洲，以至世界的各個角落。但是，本土作家把胸襟敞開，並不等於要把臺灣文學視為中國、亞洲或世界文學的一個支流，這一點與陳映眞的看法是不同的。在本土論中的一位健將李喬，在今年八月的「鹽分地帶文藝營」演講，也再次闡釋本土文學論與第三世界文學論的兼容並蓄。他說：「前者如果無後者的認識，極可能陷入狹小局面；而後者無前者之落實，則難免流於綱領引導的空泛無

物。」㉖

因此，指稱臺灣本土論與第三世界文學論是對立的，這種說法並不正確，而且也相當混淆視聽。如果仔細檢視臺灣文學作品的內容，其中所蘊藏的精神，就已具備了第三世界弱小民族反帝、反封建的普遍性。在楊逵、鍾肇政、楊青矗、王拓、宋澤萊、洪醒夫的小說裏，在巫永福、白萩、李魁賢、詹澈、廖莫白的詩裏，我們都淸楚辨識了作品中強烈的抗議精神；而這種抗議精神並非只屬於臺灣一個地區而已，它也同樣屬於全體人類在痛苦經驗中的掙扎與奮鬪。

陳映眞認爲，臺灣本土文學的理論「還在幼稚的形成期」；事實上，這樣的辯論並不具任何意義。對這個問題，可以分成兩點來看：

第一、臺灣文學本土論是以濃厚的臺灣意識爲具體內容，而臺灣意識則是以臺灣歷史與現實做爲物質基礎。對這個理論的態度，是接受與不接受的問題，而不是指控它是否「幼稚」。一種意識，或是一種文學理論，如果被一個地區的人們普遍承認、接受，這就不能輕忽地以「幼稚」一詞而等閒視之。陳映眞也承認現在旅居美國臺灣人的「臺灣認同」思想很高漲㉗；這種現實並不止存在於海外臺灣人中，而且也普遍存在於臺灣島內的住民之中。陳映眞應該平心觀察這些現象的背後原因。

第二、臺灣文學的本土化，本來並不需要理論；這就像第三世界的文學那樣，也不需要任何理論的。所有受到壓迫、欺凌、榨取的人民，都會在任何時候任何地方，透過文學作品來發抒他們反抗的聲音。理論是跟隨作品之後才誕生的，在世界文學史上，我們還沒有看到文學理論先誕生，然後作品才跟着出籠。根據理論指導之下而寫出的作品，那是政策性的文學，是架空的文學。評估今天的臺灣文學作品，我們可以說還沒有出現偉大的、完美的作品，但我們並不能說那是幼稚的文學。同樣的，今天本土文學的理論的誕生，是有它一定的時空條件，這與臺灣國際形勢的演變、社會政治運動的高漲，以及外來文化的衝擊等的因素息息相關。這種理論必然會繼續發展下去的，而不是少數人拒絕承認就可抵擋的。

臺灣文學是第三世界文學的重要一環，並非在七十年代國際資本主義跨國公司大量崛起之後才受到注意。自三十年代以降，臺灣文學已是公認的反帝、反封建的弱小民族之心聲，日據時期的賴和、楊逵、呂赫若、楊華等人的小說，就在亞洲文學中寫下光輝的、不可輕侮的一頁。這個文學傳統，經過半世紀的繼承與擴充，而發展出今天臺灣文學的這個面貌，同時又催生出本土化的文學理論，絕對不是偶然的。

陳映眞根據他個人對臺灣社會性質的瞭解所發展出來的第三世界文學理論，可以說豐富了本土文學論的內容。如果把他理論中對臺灣歷史的誤解部份，以及對中國歷史的錯覺成份剔除，那麽就成爲不折不扣的臺灣本土文學論。他對臺灣的作家提出忠告：「第三世界文學的特點就是非常擅於利用自己民族的特點和傳統，再揉和現代批判的思想，就變成活潑而充滿生命力的東西，這是我們可以像第三世界學習的一個重點。臺灣的現實主義是太嚴肅了，太板着臉孔，太懷着沉重的心情。」㉘像這樣的論點，可以說與臺灣本土文學論全然並行而不悖，所有臺灣作家一定會謙卑地向其他第三世界的作家汲取經驗、學習技巧，以滋養臺灣已有的傳統。

事實上，陳映眞的作品，特別是他近三年來所寫的「華盛頓大樓」的系列小說，絕對是臺灣經驗的臺灣本土文學。雖然，他在文學理論中以「中國意識」來闡釋自己的作品；但是，如果一層一層給予冷靜剖析的話，讀者在文字與情節中很難找到中國的影子。相反的，他在小說裏提出的問題、表現的價值，都是屬於臺灣的。

進一步來說，陳映眞的小說乃是在臺灣社會一定的客觀條件下誕生的；離開臺灣的現實環境，則陳映眞小說的關切與觀察，必然不會是現在這樣的面貌。以『華盛頓大樓』（臺北，遠景出版社，一九八三），這本小說集爲例，「上班族的一日」中的黃靜雄，「雲」裏的張維傑，「夜行貨車」裏的林榮平，「萬商帝君」裏的林德旺等等人物，他們絕對是臺灣社會塑造出來的，近百年來的中國社會根本產生不了這樣的人物。爲什麼？道理很簡單，因爲中國社會並沒有經歷過臺灣社會的發展過程。別說過去三百餘年臺灣社會與中國社會沒有分享同樣份量的政治、經濟、文化的經驗，就是最近三十餘年來，雙方更是經驗了南轅北轍的經驗。

陳映眞的文學經驗，無疑是來自臺灣社會發展的經驗。因此，他在過去小說中所提出的「省籍問題」，以及現在揭示的跨國公司的問題，只有生活在臺灣土地上的人民才能像皮膚疼痛一般去瞭解；而這種疼痛的感覺，對於住在中國社會的人民來說，則完全是陌生的。

如果陳映眞指控這樣的解釋是分離主義者的解釋；那麼，我們可以冷靜回答：他的作品正是這種解釋的最好的雄辯。

擴大一點來說，所有臺灣本土作家的作品，如鍾肇政的『臺灣人三部曲』、李喬的『寒夜三部曲』、黃春明的『莎喲娜啦・再見』、宋澤萊的『打牛湳村』、李昂的『愛情試驗』、洪醒夫的『市井傳奇』、鄭清文的『現代英雄』等等，都非常完整而飽滿地表現了臺灣經驗。新生代批評家林梵已經表示了這樣的看法：「鄉土文學論戰之後，臺灣文壇展現的兩個現象，可以李喬『寒夜三部曲』試圖回歸本土文化的歷史脈絡，以探討臺灣的將來；和陳映眞的『華盛頓大樓』系列的作品，站在第三世界的一環，抵抗新帝國主義的經濟侵略爲代表，雖各呈現不同的風格，其實內在都具有強烈的本土自主性格。」㉙

林梵的看法可以導出兩個解釋：第一、現階段臺灣文學的兩種現象或兩種理論——卽本土論和第三世界論，是同條共貫的。主張本土文學的李喬，與倡議第三世界文學的陳映眞，他們創作的小說主題縱有不同，但是他們的精神都是以臺灣本土爲依歸。第二、林梵認爲李喬與陳映眞的作品「都具有強烈的本土自主性格」，這無異是說明了身在臺灣的作家，不管提倡任何理論，他們的作品都不可能離開臺灣社會環境，而去表現另一個社會內部的問題。

更進一步來說，陳映眞長期以來對中國社會的誠摯關心是不容置疑的；然而，他的作品是不可能表現出中國社會的傷痕的。原因很簡單，他縱然目睹了文革浩劫帶給中國人民的空前災難，但他內心感受的悲憤與痛苦，恐怕遠遜於身歷其境的中國人民所感受之萬一。對陳映眞的文學生命而言，臺灣社會的傷痕應該比中國社會的受創還要來得迫切、焦急，這才是他創作的切身問題。

事實上，臺灣社會的傷痕，並非純粹由外來的跨國公司所造成的；它還有嚴重的內在因素，而這不是第三世界文學論可以完全概括的。把臺灣作家所面臨的各項複雜的政治、文化、社會、經濟等的前途問題，一律簡化爲第三世界的共同問題，終究不免是皮相之論。臺灣長期以來所面臨的民主化的瓶頸困境，難道是跨國公司招惹的嗎？困擾臺灣社會的省籍問題，難道也是跨國公司的問題嗎？

因此，臺灣本土文學論的提出，是可以包容第三世界文學論的；把這兩種理論視爲兩個宗派，甚至認爲是對峙而相互排斥，對臺灣文學的進步並沒有幫助。

自一九七七年鄉土文學論戰以降，臺灣文學的發展已經有較明確的方向，作家對自己所擔負的使命也有了更深切的認識。當臺灣的社會、政治運動進入陣痛的階段，臺灣的文學運動也無可避免產生了劇烈的震盪。可以預見的，在開創一個更為開闊光明的前途之際，身為臺灣的文學工作者，所負的責任與所扮演的角色，都將比歷史的任何一個時期還來得吃重。現階段臺灣文學本土化問題的提出，不是全體作家在迎接一個新時期來臨的前夕所作的深沉反省。因此，在結束這篇長文之前，願意對強烈認同臺灣的作家提出如下的建議：

第一、要使臺灣文學繼續往前邁進，所有本土作家都有義務、也應有能力去認識臺灣過去三百餘年來的歷史過程。把歷史視野只放在最近三十年，或只放在近百年，就不能完整瞭解臺灣殖民地社會的形成淵源。

第二、要使文學繼續發抒人民的心聲，所有本土作者都應有勇氣去認識當前臺灣社會、經濟、政治的演變；缺乏對臺灣社會性質的瞭解，不僅易於使文學與羣衆脫節，而且使作品失去其應有的民族風格。

第三、臺灣作家不必過份自卑，不要認為臺灣文學永遠是人家的「支流」或「末流」；但也不必過份自負，認為臺灣文學是優於世界任何一個地區的文學。臺灣作家需要的是自信，要做到這點，便是確認本身在開創臺灣前途的過程中所佔據的地位；同時也應放眼第三世界每一國家——包括中國在內——的處境。

臺灣文學的本土性與自主性，不是理論的問題，而是行動的實踐。作家的最具體行動，便是拿出作品。當眞正美好的作品問世時，所有的爭論都將歸於寧靜。

〔附註〕

①　李喬，「臺灣文學正解」，『臺灣文藝』，第八三期（臺北，一九八三年七月十五日）。

②　陳映眞，「大衆消費社會和當前臺灣文學的諸問題」，『中國時報』「人間」副刊（臺北，一九八三年八月十八日）

③　陳正醍，「臺灣的鄉土文學論戰」，原文係以日文寫成，發表於『臺灣近現代史研究』，第三期（東京，一九八一年元月）。後經路人譯成中文，發表於『暖流』，第八、九期（臺北，一九八二年八月—九月）。

④　王拓以一個文學家來檢討臺灣社會經濟性質，可以說是相當深入而落實的。在臺灣小說家中，談這方面的問題尙無出其右者。請參閱他的如下文章：㈠「是『現實主義』，不是『鄉土文學』」，『仙人掌』，第二期（臺北，一九七七年四月）。㈡「廿世紀臺灣文學發展的方向」，『中國論壇』，四卷三期（臺北，一九七七年五月十日）。㈢「擁抱健康的大地」，『聯合報副刊』（臺北，一九七七年九月十日—十二日）。㈣「『殖民地意願』還是『自主意願』」，『中華雜誌』，第一七三期（臺北，一九七七年十二月）。

⑤　在鄉土文學論戰中，代表官方立場的批評文章，已經收輯成册。見彭品光編，『當前文學問題總批判

』（臺北，青溪新文藝學會，一九七七年）。

⑥ 見註④。

⑦ 葉石濤，「臺灣鄉土文學史導論」，『夏潮』，第十四期（臺北，一九七七年五月）。這篇文章後來就成爲鍾肇政、葉石濤主編的『光復前臺灣文學全集』的總序。

⑧ 陳映眞，「鄉土文學的盲點」，『臺灣文藝』，革新第二期（一九七七年六月）。

⑨ 臺灣總督府編，『日本統治下的民族運動』，下册（東京，臺灣史料保存會，一九六九），頁廿四。

⑩ 詹宏志，「兩種文學心靈——評兩篇聯合報小說獎得獎作品」，『書評書目』，第九十三期（臺北，一九八一年一月），頁廿三—卅二。

⑪ 高天生，「歷史悲運的頑抗——隨想臺灣文學的前途及展望」，『臺灣文藝』，革新第十九期（臺北，一九八一年五月）。

⑫ 李喬（使用「壹闡提」爲筆名），「我看『臺灣文學』」，『臺灣文藝』，革新第二十期（臺北，一九八一年七月），頁二〇五至二一三。

⑬ 宋澤萊，「文學十日談」，『臺灣文藝』，同上。此文已收入宋澤萊的近著：『禪與文學體驗』（臺北，前衞出版社，一九八三）。

⑭ 臺灣文藝雜誌社，「臺灣文學的方向座談會」，『臺灣文藝』，同上，頁二〇三。

⑮ 彭瑞金，「臺灣文學應以本土化爲首要課題」，『文學界』，第二集（高雄，一九八二年四月），頁

一—三。

⑯ 宋澤萊，「臺灣文學論」，『暖流』，第四期（臺北，一九八二年四月），頁六三。

⑰ 陳樹鴻，「臺灣意識——黨外民主運動的基石」，『生根』，第十二期（臺北，一九八三年七月十日），頁十七至二十。陳樹鴻的理論側重在下層建築社會經濟條件，對臺灣意識的解釋不免是機械式的。他的觀點又獲得進一步的補充，見葉阿明，「意識與存在——再論臺灣意識」，『生根』，第十五期（臺北，一九八三年八月廿五日）。葉阿明認爲，討論臺灣意識時，只談社會經濟基礎是不够的，還必須注意人的主觀願望對其所處社會經濟條件的反應。亦卽上層建築（意識）與下層建築（社會經濟）的辯證的交互關係。

⑱ 見註⑧。

⑲ 這是陳映眞接受香港『亞洲週刊』（一九八二年二月五日）訪問時所說的。譯文見禾心譯，「論强權、人民和輕重」，『大地生活』，第六期（臺北，一九八二年四月）。又見魏如風譯，「論權力與人民」，『暖流』，第三期（臺北，一九八二年三月）。本文引述的譯文，取自『大地生活』。

⑳ 「訪陳映眞談傷痕文學」，『大地生活』，第九期（臺北，一九八二年七月），頁五四—五六。

㉑ 同上。

㉒ 陳映眞，「從江文也的遭遇談起」，『夏潮論壇』，第六期（臺北，一九八三年七月），頁八〇。

㉓ 見李瀛，「寫作是一個思想批判和自我檢討的過程——訪陳映眞」，『夏潮論壇』，第六期（臺北，一九八三年七月），頁七五。

㉔見註⑳。

㉕許水綠，「臺灣文學的界說與方向」，『生根』，第十七期（臺北，一九八三年九月廿五日），頁四二—四三。

㉖李喬，「臺灣文學的幾個課題」，『自立晚報』副刋（臺北，一九八三年八月廿二日）。

㉗陳映眞，「臺灣知識份子應有的覺醒」，『前進廣場』，第八期（臺北，一九八三年十月一日），頁四四。

㉘同上，頁四五。

㉙林梵，「從迷惘到自主——第一代到第四代的文學旅程，『臺灣文藝』，第八十三期（臺北，一九八三年七月十五日），頁五五。

R003　世界各國憲法選輯　許世楷編／350元

## ■台灣作家全集（短篇小說卷全套50册，總定價14590元）

Q995 **台灣作家全集別册**／200元

Q996 **日據時代**（共10册）／2870元

- Q001 賴　和集／250元
- Q002 楊雲萍、張我軍、蔡秋桐合集／250元
- Q003 楊守愚集／350元
- Q004 陳虛谷、張慶堂、林越峰合集／250元
- Q005 王詩琅、朱點人合集／250元
- Q006 翁　鬧、巫永福、王昶雄合集／300元
- Q007 楊　逵集／300元
- Q008 呂赫若集／320元
- Q009 龍瑛宗集／330元
- Q010 張文環集／270元

Q997 **戰後第一代**（共11册）／3320元

- Q101 吳濁流集／300元
- Q102 鍾理和集／280元
- Q103 陳千武集／260元
- Q104 葉石濤集／300元
- Q105 鍾肇政集／290元
- Q106 張彥勳集／320元
- Q107 鄭　煥集／280元
- Q108 廖清秀集／350元
- Q109 李篤恭集／350元
- Q110 林鍾隆集／330元
- Q111 文　心集／260元

Q998 **戰後第二代**（共15册）／4700元

- Q201 鄭淸文集／330元
- Q202 黃　娟集／310元
- Q203 李　喬集／320元
- Q204 施明正集／310元
- Q205 東方白集／300元
- Q206 郭松棻集／500元
- Q207 陳若曦集／300元
- Q209 歐陽子集／300元
- Q210 七等生集／250元
- Q211 鍾鐵民集／250元
- Q212 陳恆嘉集／400元
- Q213 張系國集／250元
- Q214 季　季集／350元
- Q215 施叔青集／280元

| | | |
|---|---|---|
| W020 | 台獨，是一生的堅持 | 王美綉編／　元 |

## ■新台灣文庫（林衡哲、張富美、陳芳明編）

| | | |
|---|---|---|
| T001 | 現代音樂大師（江文也的生平與作品） | 林衡哲編／200元 |
| T002 | 無花果（台灣七十年的回想） | 吳濁流著／220元 |
| T003 | 自由的滋味（彭明敏回憶錄） | 彭明敏著／180元 |
| T004 | 台灣出土人物誌（被埋沒的台灣文藝作家） | 謝里法著／250元 |
| T005 | 台灣意識論戰選集（台灣結與中國結的總決算） | 施敏輝編／220元 |
| T006 | 黃武東回憶錄（台灣長老教會發展史） | 黃武東著／220元 |
| T007 | 楊逵的文學生涯（先驅先覺的台灣良心） | 陳芳明編／270元 |
| T008 | 郭雨新紀念文集（台灣民主傳教士） | 郭惠娜‧林衡哲編／200元 |
| T009 | 四十五自述（我的文學歷程） | 張良澤著／350元 |
| T010 | 台灣問題討論集（台灣現代與台灣前途） | 張富美編／290元 |
| T011 | 台灣連翹（台灣的歷史見證） | 吳濁流著／160元 |
| T012 | 台灣人的醜陋面（台灣人的自我檢討） | 李　喬著／150元 |
| T013 | 拯救台灣人的心靈（台灣社會人心的病症） | 陳永興著／140元 |
| T014 | 二二八事件學術論文集（台灣人國殤事件的歷史回顧） | 陳芳明編／200元 |
| T015 | 雕出台灣文化之夢（一個文化醫師的心路歷程） | 林衡哲著／350元 |
| T016 | 吳新榮回憶錄（清白交代的台灣人家族史） | 吳新榮著/精裝250元‧平裝220元 |
| T017 | 許曹德回憶錄（一個台灣人的成長史） | 許曹德著／400元 |
| T018 | 浪淘沙（上中下三冊） | 東方白著/精裝1500元‧平裝1400元 |
| T019 | 去國懷鄉（林義雄遊學雜記） | 林義雄著／350元 |
| T020 | 謝雪紅評傳（落土不凋的雨夜花） | 陳芳明著／精裝500元‧平裝450元 |
| T021 | 許信良言論選集（附鍾碧霞隨夫波折十八載） | 許信良‧鍾碧霞著／250元 |
| T022 | 歷刼歸來話半生（一個台灣人醫學教授的自傳） | 鄭翼宗著／400元 |
| T023 | 噶瑪蘭的燭光（陳五福醫師傳） | 曹永洋著／400元 |
| T024 | 台灣文學兩地書 | 鍾肇政、東方白著‧張良澤編／260元 |
| T025 | 陳逸松回憶錄（日據時代篇） | 林忠勝撰／300元 |
| T026 | 朱昭陽回憶錄（風雨延平出清流） | 林忠勝撰／200元 |

| | | |
|---|---|---|
| J028 | 台灣茶文化之旅 | 張明雄著／200元 |
| J029 | 天地人神鬼 | 姑娘廟民衆文化工作室編／250元 |
| J030 | 磺溪一完人：賴和 | 磺溪文化學會．李篤恭編／200元 |
| J031 | 台籍老兵的血淚恨 | 許昭榮著／550元 |
| J032 | 漂流者之夜 | 秋津信著／220元 |
| J033 | 辛酸六十年(下) | 鍾逸人著／420元 |
| J034 | 台灣開發與族群 | 簡炯仁著／380元 |

## ■台灣風雲系列

| | | |
|---|---|---|
| W001 | 菅芒離土(郭倍宏傳奇) | 林文義著／200元 |
| W002 | 行出新台灣 | 王美雲編／150元 |
| W003 | 台灣新憲法論 | 許世楷著／200元 |
| W004 | 破繭的台灣 | 許陽明編／150元 |
| W005 | 打開天窗說亮話(吳錦發論政治) | 吳錦發著／200元 |
| W006 | 建國路上死與生 | 陳婉眞等著／200元 |
| W007 | 七論反對黨 | 朱養民著／160元 |
| W008 | 府城觀察 | 楊澤泉著／150元 |
| W009 | 陳婉眞和她的兄弟們 | 陳婉眞等著／300元 |
| W010 | 囚室之春 | 施明德著／150元 |
| W011 | 外省人台灣心 | 外獨會編／180元 |
| W012 | 政客伸寃 | 桂菊陽著／150元 |
| W013 | 海外遊子台獨夢 | 莊秋雄著／200元 |
| W014 | 當前台灣獨立建國的課題 | 張德水著／120元 |
| W015 | 永遠的戰士(郭倍宏、李應元土城書簡) | 林又新編／280元 |
| W016 | 定根台灣陳唐山 | 陳唐山著／150元 |
| W017 | 台灣獨立黨回歸祖國 | 許世楷著／120元 |
| W018 | 鐵窗筆墨 | 江蓋世著／200元 |
| W019 | 安安靜靜很大聲 | 林雙不著／200元 |

# 台灣意識論戰選集

## 新台灣文庫⑤

編　者／施敏輝
出版者／前衛出版社
台北市和平東路一段 200 號 10 樓
電話：(02) 3650091　傳眞：(02) 3679041
郵撥：05625551 前衛出版社
登記證／局版台業字第 2746 號
發行人／林文欽
印刷所／松霖彩色印刷公司
出　版／一九八八年九月初版第一刷
一九九五年七月初版第二刷
定　價／平裝：220 元

ISBN：957-8994-48-6